法商之道

企业家法律风险防范36计

（修订版）

年青 | 年鹤童 著

清华大学出版社
北京

版权所有，侵权必究。举报：010-62782989，beiqinquan@tup.tsinghua.edu.cn。

图书在版编目（CIP）数据

法商之道：企业家法律风险防范36计 / 年青，年鹤童著. —修订版. —北京：清华大学出版社，2018（2024.11重印）
（法商之道）
ISBN 978-7-302-49437-9

Ⅰ.①法… Ⅱ.①年… ②年… Ⅲ.①企业法－基本知识－中国 Ⅳ.①D922.291.91

中国版本图书馆CIP数据核字(2018)第018910号

责任编辑：朱玉霞
封面设计：徐　超
版式设计：方加青
责任校对：宋玉莲
责任印制：杨　艳

出版发行：清华大学出版社
　　　　　网　　址：https://www.tup.com.cn，https://www.wqxuetang.com
　　　　　地　　址：北京清华大学学研大厦A座　　邮　　编：100084
　　　　　社 总 机：010-83470000　　邮　　购：010-62786544
　　　　　投稿与读者服务：010-62776969，c-service@tup.tsinghua.edu.cn
　　　　　质 量 反 馈：010-62772015，zhiliang@tup.tsinghua.edu.cn
印 装 者：定州启航印刷有限公司
经　　销：全国新华书店
开　　本：148mm×210mm　　印　　张：8.125　　字　　数：172千字
版　　次：2016年3月第1版　2018年2月第2版　印　　次：2024年11月第16次印刷
定　　价：49.00元

产品编号：077028-03

序一

田思源：法律打败焦虑

企业家近几年的日子不好过。

三年疫情，全球经济遭受重创。我国在后疫情时代虽然迎来了短暂的经济回暖，但是很快就显现出某种程度的市场疲软。经济有周期性，我们不得不承认，今天的中国面临着严峻的局面。

恒大、碧桂园、中植系，这些行业巨头在国家大力救市的环境下还是困难重重；小企业生存更加艰难，据发改委统计2023上半年关闭企业46万家；商业银行集体持续下调存款利率，中国已经进入"低利率时代"；金税四期开发完毕随时可以投入使用，标志着国家收紧"税务口"；中央多次释放信息，让我们推测"富人税"可能即将到来；中国法治建设进入新阶段，对企业家守法合规经营提出更高要求；离婚率居高不下，企业家面临着财富被分割的风险；财多子众，一代企业家普遍到了家业与企业双传承的年纪，如何规划财富迫在眉睫……这一切在经济下行的今天迎面呼啸而来，企业家能不焦虑吗？

面对焦虑，企业家该如何"自救"？让上帝的归上帝，让恺撒的归恺撒。

面对市场疲软、利率持续走低、投资渠道变少、经济进入慢行道的现实，企业家要及时调整经营思路，应对市场变化；与此同时，企业家亦应当意识到，在当下风高浪急的市场环境中，要充分运用法律工具进行自我保护，守护、传承好企业和家业。

法治社会的到来，要求企业家必须知法懂法。知法才能守法，懂法才能用法。

2021年正式实施的《民法典》是中国法治建设的一个重要里程碑。《民法典》更加注重保护公民私人财富与维护公民财产权利；注重市场经济中交易的公平与秩序；注重家庭维稳、家风传承及对妇女儿童的保护。对企业家而言，《民法典》既是守护私人财富的重要宝典，也是规范经营行为、家庭活动的头顶金箍。

法商之道系列丛书，正是从中国企业家角度出发，筛选出与家庭、企业密切相关的重点法律知识进行讲解，以案例为切入点，为各位企业家朋友提示风险雷区，并提出法律建议，以期为其私人财富管理提供全方位的法律支持。

企业家的焦虑，源自缺乏安全感。研读法商智慧系列丛书，用法律打败焦虑，守护幸福人生。

田思源

清华大学法学院教授、博士生导师
中国法学会法律咨询中心专家委员会委员

序二

林健武：长期主义

改革开放以来，我国经济高速发展。我们只用了四十多年就走过了西方几百年才走完的创富之路。中国已成为世界第二大经济体，2023年胡润全球富豪榜显示，中国拥有亿万富豪的人数居全球第一。

中国人勤劳、有智慧、肯吃苦、爱打拼，第一代企业家创造了巨额财富。但是，由于缺乏守富、传富的理念和经验，在现实中出现了大量企业虎头蛇尾、雪泥鸿爪、无以为继的现象。据统计，中国民营企业的平均寿命只有3.7年，而邻国日本百年老店比比皆是，甚至有些企业千年不衰。"追求企业历久弥新，避免家族富不过三代"，这是中国企业家需要深刻思考的问题。

创造财富固然重要，但守富、传富更加重要。不懂守富，创造再多财富都是过眼云烟；不懂传富，奋斗一生打下的财富江山亦是昙花一现。一代企业家践行"创富—守富—传富"经营理念并传承给二代，二代谨记遵循并继续向下传承，如此代代相传，才能推动事业发展壮大、财富持续积累。

2022年《胡润财富报告》提示了两个重要信息：一是中国可支配资产达到600万元的富裕家庭已达到了518万户；二是未来二十年将有51万亿元的财富面临传承。所以，未来高净值人群守富、传富的现实需求越发迫切，与之相对应的法律、税务及金融知识正是刚需。

鉴于此，清华大学出版社和法商智慧教育研究院精心策划了"法商智慧系列丛书"。丛书专注于挖掘以企业家为主要群体的高净值人群在财富管理与传承中存在的各种风险，并提出守护家族财富的最佳方案。该丛书的作者都是活跃在财富管理领域的执业律师、法学教授、金融教授、财税专家，拥有丰富的企业合规、尽职调查、合同审拟、税务筹划、传承规划、诉讼执行等实操经验。他们以敏锐的职业嗅觉，迅速捕捉财富管理领域的最新资讯，将法律与国家政策相结合，致力于为高净值人士提供从创富到守富、传富各阶段的风险规避及解决方案。

授人以鱼不如授人以渔。企业家肩负的绝非仅是其个人和家族的荣耀，更是民族使命。真心希望丛书能够启迪中国企业家秉持长期主义的经营思想，让中国拥有越来越多的百年老店、国际品牌；让中国的企业亦能固若金汤，傲立于世界之林！

清华大学经济管理学院金融系副教授
深圳市孔雀计划专家和市政府财经决策咨询委员会专家
国际金融工程师协会（IAFE）风险管理委员会委员

自序

企业家的根本追求是什么？我认为是财富。

保护财富靠的又是什么？我认为是法律。

"人们嘴上挂着的法律，其真实含义是财富。"这句美国的名言一针见血地指出了法律与财富的深层次关系。财富的创造、守护和传承都离不开法律的保护和加持。《法商之道》出版于2016年。8年来它在市场上的热度不减，持续受到了企业界朋友们的追捧，体现了企业家们对法律知识的渴望，也印证了法律是财富的守护神。

如果要形容中国的近年来的法治建设，我认为它如同一棵汲取丰富土地滋养的参天大树，枝繁叶茂、蓬勃壮大。2021年1月1日，《民法典》正式实施，我国进入了民法典时代，全民自发掀起学习《民法典》的热潮。我这些年坚持普法工作，明显感受到群众对《民法典》的热烈反响。2023年12月29日颁布修订《公司法》，这是一次大刀阔斧的改革，对市场经济具有深远的影响。强化公司治理结构、保护推动公司健康发展、维护资本市场稳定、最终打造市场经济优质营商环境。2023年12月29日，同期颁布的《刑法修正案（十二）》，完善职务犯罪相关规定、打击贿赂类犯罪、增加新类型犯罪惩处规定，进一步净化市场环境、促进公平竞争、保护经商生态。

2024年3月份，"两会"召开，国家鼓励新质生产力、提倡产业升级、大力发展未来产业，并一再强调优化民营企业经商环境。

在时代的大潮中，企业家必须驾浪而行，方能处于不败之地。企业家一方面应当关注未来的产业方向，另一方面一定要学法、懂法，把法商思维作为自己一项重要修养。

本书着眼与企业家财富相关的重点法条，汇聚成册，旨在从浩如烟海的法律规范中，精准挑选企业家应知应会，为您狙击风险。本书分为总则与分则。

总则包括两部分：第一部分设立在开篇，从树立法治思维的角度给企业家提出纲领性的建议；第二部分设在书尾，是笔者亲自制作的一些重要的法律文件模板，以期各位企业家在需要时取用。但是没有万能的模板，企业家在取用时一定要结合自身情况进行修改，最大化发挥其作用。

分则包括六个部分：从刑事、家事、商事、人事、工业产权及现金流六方面，各选取六个与企业家（企业）密切相关的风险点，通过案例分析、讲解法律规定、提出律师建议，指导企业家做到有效防范、及时处理、转危为安。

中国法治建设一直在路上，新的法律规范亦会更新迭代、层出不穷，笔者也将根据最新的法律规定，持续更新本书，使其与当下法律规定保持一致，给各位读者呈现最新的司法观点。

年青
2024年3月于深圳

目录

总 则
‖‖ 给企业家的建议 ‖‖

树立法律风险防范意识，让律师成为您的商业伙伴 / 3

树立证据意识，提升取证能力 / 4

分 则

第一章　刑事部分 / 10

　　一、虚开增值税专用发票罪 / 11

　　二、集资类犯罪 / 15

　　三、职务侵占罪与挪用资金罪 / 22

　　四、逃税罪 / 27

　　五、商业贿赂类犯罪 / 31

　　六、合同诈骗罪 / 38

第二章　商事部分 / 43

　　七、公司章程 / 46

　　八、三大机构 / 55

　　九、隐名股东 / 63

　　十、小股东权益 / 67

　　十一、公司僵局 / 73

十二、公司法人人格否认 / 78

第三章　家事部分 / 82

十三、婚姻财产协议 / 82

十四、诉讼离婚 / 85

十五、非婚生子女 / 92

十六、遗产处分——法定继承、遗嘱继承与遗赠 / 95

十七、家族信托 / 103

十八、夫妻共同债务 / 110

第四章　人事部分 / 115

十九、劳动合同 / 116

二十、劳动者权益 / 121

二十一、规章制度 / 130

二十二、工伤 / 133

二十三、竞业限制 / 138

二十四、经济性裁员 / 142

第五章　工业产权部分 / 146

二十五、注册商标 / 147

二十六、驰名商标 / 156

二十七、商标许可 / 161

二十八、专利权 / 165

二十九、职务发明 / 173

三十、商业秘密 / 178

第六章　资金链部分 / 184

三十一、资金链断裂 / 184

三十二、信用风险 / 187

三十三、律师尽职调查 / 191

三十四、债权催收 / 195

三十五、债权诉讼时效 / 200

三十六、债的担保 / 205

文书模板部分 / 215

总　则
给企业家的建议

法治兴则国兴，法治强则国强。"立木为信"的故事体现了法家的思想：商鞅变法的法令已经准备就绪，但没有公布。他担心百姓不相信自己，就在国都集市的南门外竖起一根三丈高的木头。并贴告示：有谁能把这根木头搬到集市北门，就给他十两黄金。百姓们感到奇怪，没有人敢来搬动。商鞅又出示布告说："有能搬动的给他五十两黄金。"有个人壮着胆子把木头搬到了集市北门，商鞅立刻命令给他五十两黄金。"法莫如显，而术不见""圣王者不贵义而贵法，法必明，令必行，则已矣"。100年后秦国兼并六国，一统天下。

2020年底以来，中共中央先后发布了《法治社会建设实施纲要（2020—2025年）》和《法治中国建设规划（2020－2025年）》，开创了法治中国建设的目标治理新模式。《法治中国建设规划（2020-2025年）》是第一部关于"法治中国建设"的专门的、全面的战略发展规划，为全面依法治国、建设法治中国提出了明确的任务书、时间表、路线图，标志着新时代法治中国建设进入了一个新发展阶段。可见我国的法治进程正在加速前进。

成功的企业家必须具备法商意识——懂法、守法、善于用法，这是时代的要求。法商意识不是要求企业家像律师一样熟悉法律规定，而是指具备基本的法律常识，有法律底线思维，在商业活动中时刻提醒自己进行法律合规审查、邀请律师进行法律风险评估与防范，在遇到矛盾纠纷时具备取证意识，并且在必要时利用法律维护自己的正当权益。

树立法律风险防范意识,让律师成为您的商业伙伴

企业家遇到了刑事追诉,会想到律师;被告了或是打算告别人,也会想到律师;但工作生活中遇到了一般性的问题,往往想不到律师。因为在他们心里,律师就是打官司的。其实,律师的工作不仅仅是打官司。律师具有很强的风险防范意识。律师解决问题和医生看病一样,"上医治未病"——好的律师能够在事前帮助企业家预测风险、规避风险。

李嘉诚用90%的精力研究风险防范,他创业60年来,每一年的公司和个人财富都在不同程度地增长,从未间断。事业的成功,律师团队功不可没。而有的企业家却大起大落,根本原因是缺乏风险意识。

企业家经常遇到的风险有企业治理风险、现金流风险、用工风险、知识产权风险、婚姻家庭及刑事风险等,可以说从企业管理到个人生活,都有潜在的危机,稍不留神,可能就触碰了法律的红线。比如企业股改没有律师指导,就有可能违法违规,甚至涉及金融类犯罪;企业转产裁员没有律师指导,就有可能侵犯职工权益而面临一大笔经济赔偿;在企业进行经济往来中,如何选择合作伙伴?那就需要律师进行尽职调查;如何起草合同?那需要律师有技巧地设计条款、维护企业利益;在企业家面临婚姻感情变故时,离婚是否最佳选择?如何保住婚姻?如何顺利离婚?财产怎样分配?子女抚养权归谁?这都需要律师帮助企业家进行

冷静地分析；而一旦企业家涉嫌刑事犯罪，被公安机关采取了强制措施时，哪些话可以讲？哪些话不能乱讲？自己涉嫌什么罪？会判吗？会判多久？这都需要第一时间与律师取得联系，寻求律师帮助。

　　企业家在经济方面是专家，但未必精于法律；而律师有丰富法律知识和实践经验，能够提醒企业家防患于未然。企业家精神是勇敢和创新，需要义无反顾勇往直前；而律师考虑更多的风险防范，万一失败怎么收场。这两种不同思维相结合，对事情的判断和解决会更有效果。一个好律师，必定是一个好策划师。每一个成功的企业家都需要这样一位律师朋友，协助你平安稳妥地把梦想变作现实。

树立证据意识，提升取证能力

　　证据意识对企业家至关重要。企业家要注意养成收集和保留证据的好习惯，尤其是对自己有利的证据，一定要做到及时、准确、全面收集。

　　及时，就是在事情发生的当时就想到如何固定证据，可以采取录音、录像、收集证人证言等方法。避免时过境迁，证据丧失。曾经在飞机上发生过这样一个事：一个法学教授坐在一个抱孩子的妇女身边，孩子晕机呕吐，教授叫空姐给自己换位未果，于是自己起身找位，最终在头等舱找了一个空位坐下。但空姐随即带着一个男性工作人员过来，二话不说一拳打在教授脸上。教授没有争吵，而是拿出笔纸将整个事件的经过写下来，并邀请坐在周围的乘客帮自己作证，大家纷纷签字确认并留下电话。后来教授起诉航空公司，获赔50万人民币。

准确，就是证据要能反映事实真相，反映法律关系，说白了就是要收集到有用的信息。这要求企业家能够抓住关键、重点。在办理离婚案件中最常见这样一幕：双方在法庭上互相对骂、指责，把所有鸡毛蒜皮的小事都拿出来说，希望得到法官的同情和支持。殊不知，这些矛盾并不能说明问题，双方的争吵也没什么实质性的意义。最聪明的做法是，拿出证据证明对方有法定过错。比如拿出书证、物证、证人证言等证明对方有婚外情；拿出病历本和照片证明对方长期对自己或其他家庭成员实施家庭暴力或虐待；拿出租房合同证明双方分居已满两年；拿出对方被公安机关处罚的记录证明对方有赌博等恶习并屡教不改等。不需要没完没了的争吵，只要有这些关键证据，法庭自然会支持你的离婚请求。

全面，即从多个角度来反映事实。孤证证明力很弱，不易为法庭所采信。所以企业家在对待重要法律事实的时候，要注意全面取证。比如，企业家与合作伙伴签署商品批发合同，不仅仅要注意保留合同原件，还要注意保留双方业务员沟通记录、保存商品样本、货物相关单据、付款凭证等。

另一方面，企业家也要有证据防范意识。对自己的言行要谨慎，注意避免留下对自己不利的证据，授人以柄。

那么，证据有哪些种类呢？

法律上的证据分为书证、物证、证人证言、视听资料、勘验笔录、鉴定意见、当事人陈述、电子数据等。刑事证据中还有被害人陈述、犯罪嫌疑人、被告人供述和辩解和检查、辨认、侦查实验等笔录。

1. 书证，指以其内容来证明待证事实的文字材料。内容可以是反映记载人的思想和行为的文字、符号、图案等。如欠条、合同、遗嘱等。

2. 物证，指以其外部特征、物质属性、所处位置以及状态证明案件真实情况的各种物品、物质或痕迹。如凶器、血迹、赃物、指纹等。

3. 证人证言，证人就自己所知道的案件情况所作的陈述。有利害关系的人的证言也是有效的，但其证明力比较弱。比如父亲被指控杀人，女儿可以出庭作证父亲没有杀人，但此证言的证明力较弱。证人证言要被采纳还需要证人出庭接受法庭的询问。

4. 视听资料，指以录音、录像等能证明案件事实的音响、活动影像和图形。如监控拍摄到的影像、当事人的录音或其拍摄的视频等。

5. 勘验笔录，包括勘查笔录和勘验笔录。勘查笔录指由办案人员对案件现场进行勘查所作的记录。比如公安机关对犯罪现场进行勘查所做的记录。勘验笔录指法院指派勘验人员对与案件争议有关的现场、物品或物体进行查验、拍照、测量，并将查验的情况与结果制成的笔录。

6. 鉴定意见，指有资质的鉴定中心对某些专门性问题进行检验、分析后所作出的科学判断。如：笔迹鉴定、DNA 鉴定等。

7. 当事人陈述，指当事人就案件事实所作陈述。

刑事案件的证据还有被害人陈述、嫌疑人供述等。

8. 电子数据，指通过电子邮件、电子数据交换、网上聊天记录、博客、微博客、微信、手机短信、电子签名、域名等形成或者存储在电子介质中的信息。

那么，证据应该由谁来提供给法庭呢？

这一点，民事案件与刑事案件是不同的。

民事讲"谁主张谁举证"，即是说当事人主张一项法律事实，就要提供证据来支持自己的提法，否则就要承担败诉风险。举例：张三到法院起诉李四，说李四欠钱不还。那么张三要提供证据证明李四欠钱，比如拿出来李四的欠条；李四如果答辩说已经还了钱，那么李四就要提供证据，比如拿出还钱时张三给自己打的收条。

而刑事讲"无罪推定"，即是说检察机关如果不能提供充分的证据证明嫌疑人有罪，那么就推定他是无罪的。嫌疑人不需要自证无罪。举例：张三向公安局报案说李四杀人了。李四不需要证明自己没杀人，而应该由公安机关去搜集证据证明李四杀人了，证据充足的情况下移交检察院，由检察院向法院起诉李四。如果法院经审理认为检察院提供的证据不足以证明李四杀人，那么李四无罪。

所以，在涉及民商事案件时，企业家要尽最大可能搜集并提供证据，证明自己的主张。而当涉及刑事案件时，要懂得自我保护。

分 则

第一章 刑事部分

2019 年 4 月 20 日，北京师范大学中国企业家犯罪预防研究中心发布了《企业家刑事风险分析报告（2014-2018）》。根据该报告，在 2013 年 12 月 1 日至 2018 年 11 月 30 日的上传刑事判决案例中，检索出 6988 起企业家犯罪案例，其中，企业家犯罪 8965 次，涉罪企业家平均年龄 44.91 岁。企业家犯罪共涉及 39 个罪名，其中，国有企业家触犯频次最高的前五个罪名分别是：受贿罪（481 次，35.01%）、贪污罪（338 次，24.60%）、挪用公款罪（146 次，10.63%）、私分国有资产罪（67 次，4.88%）和职务侵占罪（48 次，3.49%）；民营企业家触犯频次最高的前五个罪名分别是：非法吸收公众存款罪（1494 次，19.71%）、虚开增值税专用发票罪、用于骗取出口退税、抵扣税款发票罪（955 次，12.60%）、职务侵占罪（744 次，9.82%）、合同诈骗罪（520 次，6.86%）和单位行贿罪（488 次，6.44%）。

不久前，《2023 企业家刑事风险分析报告》发布。该报告显示，2022 年企业家犯罪的总人数为 1832 人，前五年企业家犯罪的人数年均为 2588 人，较之前五年的犯罪规模明显下降。民营企业家犯罪高频罪名继续保持在以下几个：非法吸收公众存款罪、职务侵占罪、挪用资金罪、合同诈骗罪、拒不支付劳动报酬罪、集资诈骗罪；国有企业家触犯的高频罪名仍旧主要集中于以受贿、贪污、挪用公款为代表的腐败犯罪。

"企业家犯罪"已经引起社会的广泛关注和反思。2022企业家犯罪的总人数的下降趋势，体现了法治的进步——一味看重经济发展的时代已然过去，在法治越发健全的新形势下，整个社会对公平、正义的追求已经势不可挡。依法治国的政策给企业家敲响了警钟——违法敛财、唯利是图的结局必然是身陷囹圄，唯有守法经营、合法取财才是安身立命之本，才是企业长盛不衰之根。

预防犯罪，企业家要树立红线意识，要知法、懂法。本章将结合笔者办案经验，并参考近几年《中国企业家犯罪报告》，选取民营企业家易发、高发罪名进行讲解。

◆ 一、虚开增值税专用发票罪

《刑法》第205条【虚开增值税专用发票、用于骗取出口退税、抵扣税款发票罪】，是指违反国家税收征管和发票管理规定，虚开增值税专用发票或者用于骗取出口退税、抵扣税款的其他发票，虚开税款或者致使国家被骗税款达到法定数额的行为。

案例

张某是B公司的法定代表人和总经理。2012年2月1日，张某为了使B公司少缴税款，以B公司名义从C处购买了增值税专用发票两张，价税合计162万余元。C按照张某的要求，制作了一批虚假的买卖合同及货物单据等凭证，从而将上述增值税专用发票入账并抵扣税金23.5万元。不久后，C因涉嫌销售增值税发票被抓。根据C的口供，张某购买增值税专用发票的行为也被曝光。张某和B公司均以虚开增值税专用发票罪被起诉。

经审判，张某和 B 公司均被判决犯虚开增值税专用发票罪。张某处有期徒刑 3 年，缓刑 3 年，并处罚金 5 万元；B 公司（在案发后已积极补缴税款及滞纳金）处罚金 20 万元。

增值税专用发票不仅是一个销售凭证，它还是一份可以抵扣税款的证明。有一些企业为了多抵扣税款，会想方设法把增值税专用发票账面金额做得远高于实际交易金额，甚至根本没有实际交易、凭空捏造一份增值税专用发票（如开篇案例），以此来逃税。这就可能构成了虚开增值税专用发票、用于骗取出口退税、抵扣税款发票罪。

构成要件

1. 犯罪主体：单位或个人均可构成本罪。

2. 关键行为是"虚开"，主要体现在所开的票据与实际情况不符、票面金额与实际收取的金额不一致等。包括为他人虚开、为自己虚开、让他人为自己虚开、介绍他人虚开等。

3. 本罪在主观方面是故意，即明知有"虚开"行为。"不懂法、不知道行为违法""不是为了牟利""不知道别人是为了牟利"这些理由都不能排除主观故意，因为当事人对"虚开"行为是明知的；但"不知道票面金额与实际情况不符"这种情况，可以排除主观故意。

举个例子：A 从 B 处买一批建材盖房子，A 为了给房主证明建材质量好，让 B 在增值税专用发票上将建材成交价格多写了 200 万。B 同意并照 A 要求多写了 200 万，A 用此发票逃避了税款 30 万元。A、B 依然构成虚开增值税专用发票罪。但假如 A、B 双方谈好总价款 50 万元，但在开增值税专用发票的时候 B 手误把总价款错写成 500 万元，A 用此发票逃税。B 由于没有主观故意（不知道自己写错了），不构成虚开增值税专用发票罪。在具体办案中，由于"主观想法"是无法证明的，故在法院判断被告人是否具有主观故意时，会结合其他客观证据进行综合考虑。

定罪标准

虚开的税款数额在 10 万元以上的，或者造成国家税款损失数额在 5 万元以上的。

量刑标准

1. 构成此罪的，3 年以下有期徒刑或者拘役，并处 2 万元以上 20 万元以下罚金；

2. 数额较大或者情节严重的，3—10 年有期徒刑，并处 5 万元以上 50 万元以下罚金；

数额较大，是指虚开税款数额 50 万元以上的；

情节严重，一是指造成国家税款损失数额在 30 万元以上的；二是指 5 年内因虚开受过刑事处罚或二次以上行政处罚，又虚开，数额在 30 万元以上。

3. 数额巨大或者情节特别严重的，10 年以上有期徒刑或者无期徒刑，并处 5 万元以上 50 万元以下罚金或者没收财产。

数额巨大，是指虚开税款数额 500 万元以上的；

情节特别严重，一是指造成国家税款损失数额在 300 万元以上的；二是指 5 年内因虚开受过刑事处罚或二次以上行政处罚，又虚开，数额在 300 万元以上。

单位犯此罪的，对单位处罚金，对直接负责的主管人员和其他直接责任人处刑罚。

关联罪名

《刑法》第205条之一【**虚开普通发票罪**】，是指虚开其他发票，情节严重的行为。

不要以为虚开专票是犯罪、虚开普票就不是犯罪。虚开普票如果"情节严重"也构成犯罪，处2年以下有期徒刑、拘役或者管制，并处罚金；情节特别严重，处2年以上7年以下有期徒刑，并处罚金。

对于"情节严重"如此认定：

1. 虚开发票票面金额50万元以上；

2. 虚开发票100份以上且票面金额在30万元以上；

3. 5年内因虚开发票受过刑事处罚或两次以上行政处罚，又虚开，票面金额达到第1、2项规定标准的60%以上。

对于"情节特别严重"如此认定：

1. 虚开发票票面金额250万元以上；

2. 虚开发票500份以上且票面金额在150万元以上；

3. 5年内因虚开发票受过刑事处罚或两次以上行政处罚，又虚开，票面金额达到第1、2项规定标准的60%以上。

风险防范第1计

1. 虚开的税款数额在10万元以上或者致使国家税款损失数额在5万元以上的就可立案侦查。企业一旦涉及此罪，基本涉案金额都会较大，按照司法解释最高可判处无期徒刑。企业家一定要引起注意。另外，关于数额较大、数额巨大、情节严重、情节特别严重这些标准都有可能会发生变动。截至本书修订（2024年3月份）时，根据最高法、最高检《关于办理危害税收征管刑事案件适用法律若干问题的解释》，自2024年3月20日起适用本篇中的标准。

2. 虚开增值税发票案一般都采取双罚制，企业要补缴税款、缴纳滞纳金、缴纳罚金，直接主管人员或直接负责人还要承担刑事责任和罚金。所以，贪图眼前利益铤而走险是得不偿失之举。

3. 案例中销售增值税发票的 C 本身构成了犯罪，其案发后"拔出萝卜带出泥"——张某和 B 公司的违法行为暴露而被追究刑事责任。因此，找人虚开增值税专用发票风险巨大。

4. "营改增"企业要注重对财务人员的培训，保证采购和销售环节发票、合同、交易凭证准确、完整；人员分工要明确，责任到人，避免出现问题时相互推诿、互不认账；相关人员之间要建立相互制约的监督机制。

5. 罪与非罪的关键在于"是否造成国家税收损失"。企业一旦因涉嫌犯罪被立案侦查，应积极寻找证据证明并未实际造成少缴税款的结果。例如，证明是因为交易存在居间合同、垫付资金、转让债权等情况导致了票、货、款不一致，可事实上并未造成少缴税款的结果。

6. 虚开普通发票也可能构成犯罪，最高可被被判处 7 年有期徒刑。

◆ 二、集资类犯罪

非法吸收公众存款罪与集资诈骗罪

《刑法》第 176 条【非法吸收公众存款罪】：是指非法吸收公众存款，或者变相吸收公众存款，扰乱金融秩序的行为。

《刑法》第 192 条【集资诈骗罪】：是指以非法占有为目的，

使用诈骗方法非法集资的行为。

案例：

浙江亿万富姐吴某，早年靠做生意积累起创业资本。2006年一年之内，吴某就注册成立了12家实业公司。当年，吴某被媒体曝光资产总额达38亿元。但是，出身清贫的她怎么会有这么多资金来进行商业运转呢？2006年12月，吴某被人扣押。公安机关发现这里面有蹊跷，于是展开调查。2007年，吴某因涉嫌非法吸收公众存款罪被逮捕。

法院查明，吴某以高额利息为诱饵，用集资诈骗款虚假注册成立众多公司后，大都未实际经营或亏损经营，吴某在已经负债累累的情况下，依然肆意挥霍财产，故意打造"亿万身家"的富姐形象，并进行"盈利"的虚假宣传，继续向社会大量集资，填补资金黑洞。吴某集资诈骗的受害人，也大都是掮客介绍的放高利贷的人员，吴某明知这些人的资金也多是非法吸收公众存款而来。

法院认定，被告人吴某以非法占有为目的，采用虚构事实、隐瞒真相、以高额利息为诱饵等手段，向社会公众非法集资人民币7.7亿元。案发时尚有3.8亿元无法归还，还有大量的欠债。故以集资诈骗罪判处被告人吴某死缓，剥夺政治权利终身，并处没收个人全部财产。

看完这个案例，可能你会产生这样一个疑问：向社会公众集资犯法吗？

法律对向社会公众集资活动具有严格要求，包括但不限于限制集资人资格、严格行政审批程序、规范信息披露和集资程序、保障履约能力等方面。如果没有经过法定审批程序，没有取得集资资格，那么其集资行为就有可能触犯法律，构成所谓的"非法集资"。

非法集资的行为可能构成非法吸收公众存款罪，也可能构成集资诈骗罪。企业家一定要引起注意。

我们先来了解这两个罪名：

（一）非法吸收公众存款罪

构成要件

违反国家金融管理法律规定，向社会公众吸收资金。

要同时具备下列条件：

1. 未经有关部门依法许可或借用合法经营形式吸收资金；

2. 通过网络、媒体、推介会、传单、手机信息等途径向社会公开宣传；

3. 承诺一定期限内以货币、实物、股权等方式还本付息或给付回报；

4. 向社会公众（即社会不特定对象）吸收资金。

同时，司法解释进行了排除性规定：未向社会公开宣传，在亲友或者单位内部针对特定对象吸收资金的，不属于非法吸收或者变相吸收公众存款。

要注意，对"变相吸收存款"也要进行处罚。变相，是指不以"存款"的名义，而是以网络借贷、投资入股、虚拟币交易、委托理财、融资租赁、养老产品、购物券、代金券、会员卡等形式，但本质上仍然是吸收公众存款，符合定罪标准的仍定此罪。

定罪标准

可以概括为"三大":款数额大、范围大、造成损失大。符合"三大"之一的,即可构成此罪。

1. 数额大:吸收公众存款数额达 100 万元;
2. 范围大:吸收存款对象达 150 人;
3. 损失大:吸收存款给存款人造成直接经济损失数额达 50 万元;

吸收公众存款数额在 50 万元以上,或给存款人造成直接经济损失数额达 25 万元,但同时符合以下情节之一的,亦构成此罪:

1. 曾因非法集资受过刑事追究的;
2. 2 年内曾因非法集资受过行政处罚的;
3. 造成恶劣社会影响或其他严重后果的。

量刑标准

1. 构成此罪的,3 年以下有期徒刑或拘役,并处或单处罚金的,处 5 万 -100 万罚金;

2. 数额巨大或有其他严重情节的,3—10 年有期徒刑,并处 10 万—500 万元罚金;

"数额巨大或有其他严重情节"指:吸收公众存款数额达 500 万元、吸收存款对象达 500 人、给存款人造成直接经济损失数额达 250 万元、吸收公众存款数额达 250 万元或给存款人造成直接经济损失数额达 150 万元但造成了恶劣社会影响或其他严重后果的。

3. 数额特别巨大或者有其他特别严重情节的,10 年以上有期徒刑,并处 50 万以上罚金。

"数额特别巨大或者有其他特别严重情节"指：吸收公众存款数额达5000万元、吸收存款对象达5000人、给存款人造成直接经济损失数额达2500万元、吸收公众存款数额达2500万元或给存款人造成直接经济损失数额达1500万元但造成了恶劣社会影响或其他严重后果的。

4. 单位犯此罪的，对单位判处罚金，并对其直接负责的主管人员和其他直接责任人员定罪处罚。

非吸存款数额，以行为人所吸收的资金全额计算。在提起公诉前积极退赃退赔，减少损害结果发生的，可以从轻或减轻处罚；在提起公诉后退赃退赔的，可作为量刑情节酌情考虑。

非吸存款主要用于正常生产经营活动，能够在提起公诉前清退所吸收资金，可以免予刑事处罚；情节显着轻微危害不大的，不作为犯罪处理，将案件移送有关行政机关。

（二）集资诈骗罪

构成要件

以非法占有为目的，使用诈骗方法非法集资，数额较大。简单来说就是以集资名义骗钱。

要注意三点：

1. 有"非法集资"行为，即未经批准向社会公众募集资金的行为。

2. 用"诈骗"方法，即隐瞒真相、虚构事实、编造谎言骗取他人资金。

3. 有"占有"目的，即行为人集资目的是将所集财产据为己有。对于有以下情形的，推定行为人具有"占有"目的：

（1）集资后不用于生产经营活动，或用于生产经营活动与筹集资金规模明显不成比例，致使集资款不能返还；

（2）肆意挥霍，致使集资款不能返还；

（3）携款逃匿；

（4）将集资款用于违法犯罪活动；

（5）抽逃、转移资金，隐匿财产，逃避返还资金；

（6）隐匿、销毁账目，或搞假破产、假倒闭，逃避返还资金；

（7）拒不交代资金去向，逃避返还资金；

（8）其他。

另外，最高院曾发布《会议纪要》表示，不能仅凭较大数额的非法集资款不能返还，就推定行为人具有非法占有的目的；行为人将大部分资金用于投资或生产经营活动，而将少量资金用于个人消费或挥霍的，不应仅以此便认定具有非法占有的目的。

定罪标准

集资诈骗数额达 10 万元。

量刑标准

1. 构成此罪的，处 3-7 年有期徒刑，并处 10 万—500 万元罚金；

2. 数额巨大或有其他严重情节的，处 7 年以上有期徒刑或者无期徒刑，并处 50 万以上罚金或没收财产。

"数额巨大"指集资诈骗数额达 100 万元；"其他严重情节"指集资诈骗数额达 50 万元同时造成恶劣社会影响或其他严重后果。

3. 单位犯此罪的，对单位判处罚金，并对其直接负责的主管人员和其他直接责任人员定罪处罚。

集资诈骗的数额以行为人实际骗取的数额计算，在案发前已经归还的数额应予扣除。行为人为实施集资诈骗行为而支付的广告费、中介费、手续费、回扣，或者用于行贿、赠与等费用，不予扣除。行为人为实施集资诈骗活动而支付的利息，除本金未归还可予折抵本金外，应当计入诈骗数额。

风险防范第2计

1. 集资分为债权式集资和股权式集资。债权式集资就是以借款并支付利息的方式筹集资金；股权式集资是以吸收股东入股的形式筹集资金。企业家打算面向社会募集资金时，要详询律师和金融监管部门，确保主体资格和募集行为的合法性，并严格遵照金融监管机构的要求运作。

2. 不要在公告中做出一定期限内必能返本付息等承诺，这样的承诺是非法吸收公众存款的一个标志。

3. 如果涉嫌"非法吸收公众存款罪"，要尽量提供证据证明自己的资金来自"特定人"，而不是"社会大众"；资金性质是"借款"，而不是"集资"。可以提供双方签订的借款合同，来证明行为性质是民间借贷；也要熟悉你的"债权人"，能说出"债权人"的姓名、性别等基本信息，从而证明资金确系来自亲朋好友或者企业员工，而非不特定的社会公众。

4. 在对募集而来的资金改变投资渠道和用途时，要按照与募款相对人签订的合同约定进行。对变更原因、改变后投资情况等重要信息进行必要的公示，告知募款相对人，并注意保留证据，以证明自己没有欺瞒的故意。

5. 要尽量提供证据证明自己之所以不能返还集资款，是因为投资失误导致资金亏损，但是自己是打算归还集资款的。要有积极的补救措施，如筹款还钱的行为。

6. 切勿动用集资款来进行个人消费。万不得已时，也要以"借贷"的形式"借钱"，而不是直接从集资款中"拿钱"，并且一要注意数额占比不要过大，二要及时归还，或有还款的具体筹划。

7. 如果涉嫌"集资诈骗罪"，要尽量提供证据证明集资款被用在生产经营和项目投资上，从而证明自己并没有"非法占有"的目的。

◆ 三、职务侵占罪与挪用资金罪

《刑法》第271条【职务侵占罪】：是指公司、企业或者其他单位的工作人员，利用职务上的便利，将本单位财物非法占为己有，数额较大的行为。

《刑法》第272条【挪用资金罪】：是指公司、企业或者其他单位的工作人员，利用职务上的便利，挪用本单位资金归个人使用或者借贷给他人，数额较大、超过3个月未还，或者虽未超过3个月，但数额较大、进行营利活动的，或者进行非法活动的行为。

注意，上述两条中的"公司、企业或者其他单位"指民营企业，若国有企业员工或者国有企业派驻到民营企业的工作人员有上述行为的，分别构成贪污罪和挪用公款罪。

案例：

2012年，真功夫的董事长蔡达标因涉嫌"职务侵占罪"与"挪用资金罪"被检察院提起公诉。

法院查明，蔡达标拥有真功夫近45%的股权，多次利用职务之便指使下属虚构合同,将真功夫的资金转出到其他公司后再进行套现,供自己或他人使用。故法院认定蔡达标构成职务侵占罪、挪用资金罪,数罪并罚,判决有期徒刑14年,没收财产100万元。

可能大家会有这样的疑问,公司老总拿公司的钱,不就相当于自己拿自己的钱吗?为什么还会构成犯罪?

公司在法律上是独立的"人",有独立的财产,公司以公司财产为限,对公司债务承担责任。就算公司资不抵债,债权人也只能管公司要债,不能要求公司的股东还钱。反之,股东也不能随便动用公司钱,否则对公司债权人就不公平了。从公司老总到董事、监事、高管、出纳等工作人员,都不能私自染指公司财产。可是很多人,尤其是公司老总,根本没有界限意识,在不知不觉中触犯了法律。

我们先来了解这两个罪名:

(一)职务侵占罪

构成要件

职务侵占,是指利用职务上的便利,把单位的财物据为己有的行为。

这里有两个关键点:

1. "利用职务上的便利"。犯罪手段可以是窃取、骗取单位财物,但区别于盗窃罪、诈骗罪的关键在于,职务侵占罪的犯罪者一定是单位的人员,并且一定是借着职务的便利进行。比如董事长借着可以支配资金的便利将单位资金转移给自己,财务人员借着可以接触钱款的便利私自扣留部分钱款,经理借着可以采购电脑的便利自己私扣一批电脑等等。如果行为人虽然是单位工作人员，但是并没有利用职务便利，而直接进行盗取、骗取等行为，那么还是定一般性犯罪。比如职员偷取公司笔记本电脑，与职务无关，直接定盗窃罪。

2."据为己有"。如果仅仅是借用单位的钱款，打算日后归还，就不构成职务侵占罪，但有可能构成挪用资金罪；如果仅仅是借用单位的物品，就不构成犯罪，无须受刑事处罚，但有可能因违反单位的规章制度受到单位的处分。

定罪标准

数额达到3万元。

量刑标准

1. 数额较大的（3万），处3年以下有期徒刑或拘役，并处罚金；
2. 数额巨大的（100万），处3-10年有期徒刑，并处罚金；
3. 数额特别巨大的（参考600万元），处10年以上有期徒刑或者无期徒刑，并处罚金。

（二）挪用资金罪

构成要件

挪用资金，指利用职务上的便利，把单位的钱拿来自己用（或以自己名义借给别人用），但没打算不还钱。

需符合以下三种情况之一：

1."数额达到5万，且超过3个月未还"。如果挪用单位小额资金，或数额虽大但已尽快归还的，社会危害性不大，不予追究刑事责任。

但由于违反单位制度，行为人可能受到单位的处分。

2."未超过3个月，但数额较大（达到5万元）、进行营利活动"。由于挪用资金3个月内归还的不定罪，就有可能有人钻法律的空子，短期挪用为自己谋利。为此，刑法规定就算没有超过3个月，挪用大额资金进行营利性活动的，仍要定罪。这里的营利性活动主要指经商、投资、买股票或债券等。

3."数额达到3万元、进行非法活动"。主要指走私、赌博等行为。

定罪标准

挪用资金数额达到5万元以上；进行非法活动达到3万元以上即可。

量刑标准

1. 构成本罪（5万，进行非法活动达到3万元即可），处3年以下有期徒刑或拘役；

2. 数额巨大的（400万元，进行非法活动达到200万元即可），处3-7年有期徒刑；

3. 数额特别巨大的（暂无标准），处7年以上有期徒刑。

（三）如何判定

两种罪名指向的行为都是公司、企业或者其他单位的人员，利用职务上的便利，侵犯单位财产权的行为。关键在于行为人有没有"占有"财产的主观目的。有，就是职务侵占，没有，就是挪用资金。那么如何判定行为人主观上是否有"占有"目的呢？

主观是无形的，我们只能从行为上进行推断：如果行为人在占用了公司的财物之后不但不及时返还，反而有逃跑、肆意挥霍、做假账填平缺口等行为，或者明知无能力偿还而支走大量资金等情况，在无相反证据的情况下，就可以初步推定行为人具有非法占有财物的目的。

根据"疑罪从无"原则，如果没有充分的证据证明行为人有罪，那么就推定行为人无罪。所以，如果行为人动用了单位资金后，没有以上行为来证明行为人具有"占有"单位财产的目的，就推定行为人没有"占有"财产的目的，从而以"挪用资金罪"定罪。挪用资金罪的刑事处罚比职务侵占罪的处罚要轻很多。

风险防范第 3 计

1. 企业家要树立界限意识，尊重公司财产的独立性。股东、董事、监事、高管等人均无权擅自取用公司财物。这两个罪名的起刑点及"数额巨大"的量刑点都很低，企业家一旦触犯该罪名，面临的刑事处罚往往都很重。所以一定要谨慎。

2. 股东少的公司尤其要注意，要有清晰的账目证明公司财产的独立性，证明公司财产与股东个人财产是分离的，没有混同。

3. 向公司借钱，要符合公司章程规定的程序，不能违规、擅自从公司拿钱。

4. 情急之下挪用单位资金，要在 3 个月之内及时还清。如果 3 个月内无法还清，要有分期还款的行为（部分归还），以证明自己没有"非法占有"的目的。

5. 如果亟须资金进行投资经营而挪用了单位的资金，要立刻归还，因为这种情况是没有"3 个月"的宽限期的。并且，注意，不要直接用挪用的那一笔资金进行投资经营活动。

6. 如果涉嫌"职务侵占罪",要提供证据证明自己有归还的意愿;如果涉嫌"挪用资金罪",应提供一切有可能的证据,证明被挪用的资金是用在了单位的"公事"上面,只是改变单位的资金用途。

◆ 四、逃税罪

《刑法》第 201 条【逃税罪】:是指纳税人采取欺骗、隐瞒手段进行虚假纳税申报或者不申报,逃避缴纳税款数额较大并且占应纳税额 10% 以上的行为。

扣缴义务人采取前款所列手段,不缴或者少缴已扣、已收税款,数额较大的行为。

案例

2007 年,娃哈哈董事长宗庆后被举报涉嫌偷税。举报人称宗庆后隐瞒了巨额境外收入,未如实申报个人所得税,逃避缴纳个人所得税达 3 亿。2007 年 11 月,宗庆后被当地地税局立案调查。但发现,宗庆后已于 1 个月前补缴了 2 亿多税款,尚余未缴税款仅余几百万元。

宗庆后表示,其"巨额境外收入"的来源是达能公司,但达能公司每次向自己支付报酬的时候,数额总是比合同约定的数额少,导致自己认为达能公司已经为他缴过税款了。另外,按照中国的法律,个人所得税是由公司代为扣缴,所以自己也认为达能公司已经为自己纳过税了。宗庆后表示自己是由于疏忽导致没有缴纳税款,不存在主观故意。

同时，宗庆后表示，自己在此前已经听说有人要检举自己存在税务问题，于是引起了重视，立即开展自查，发现自己果然没有缴纳个税。于是积极联系税务部门，补缴所欠税款及产生的滞纳金。至于"尚余未缴纳"的几百万税款，是由于计算错误导致。

最后，宗庆后没有被移交司法机关。

看完这个案例，你可能会产生疑惑，什么样的行为才构成逃税罪？宗庆后欠了那么多税款，为什么不构成犯罪？补缴税款之后是否还要受到刑事处罚？

本篇我们来了解一下逃税罪：

"逃税罪"的"前身"是"偷税罪"，2009年《刑法修正案（七）》将"偷税罪"改为现在的"逃税罪"，从此不再有"偷税罪"。

构成要件

1. 犯罪主体：纳税义务人和扣缴义务人。

纳税义务人：税法规定直接负有纳税义务的单位或个人。

扣缴义务人：负有代扣代缴、代收代缴税款义务的单位和个人。既可以是各种类型的企业，也可以是机关、社会团体、非企业单位、部队、学校和其他单位，或者是个体工商户、个人合伙经营者和其他自然人。

2. 主观要件：逃税行为人必须是具有逃避纳税义务的主观故意。

3. 行为要件：虚假申报、不申报、纳税后又以假报出口或者其他欺骗手段骗取退税。

定罪标准

逃避缴纳税款达到10万元并且占应缴税款额达10%；

扣缴义务人不缴、少缴已扣、已收税款数额达到 10 万元（对扣缴义务人没有 "10%" 的比例限制）。

多次逃避缴税或不缴、少缴税款，未经处理的，数额累计计算。

经税务机关依法下达追缴通知后，补缴应纳税款、缴纳滞纳金，已受行政处罚的，不予追究刑事责任；但是 5 年内因逃避缴纳税款受过刑事处罚或者被税务机关给予 2 次以上行政处罚的除外。

量刑标准

1. 构成犯罪的，3 年以下有期徒刑或拘役，并处罚金；

2. 数额巨大（达到 50 万元）且占应纳税额 30% 的（扣缴义务人不存在比例限制），3 年以上 7 年以下有期徒刑，并处罚金。

单位犯罪的，对单位处罚金，对直接负责的主管人员和其他直接责任人处刑罚。

企业犯逃税罪，不等于企业家犯逃税罪。如果企业家不直接主管财政、税务，也没有指示、参与企业逃税行为，并且对企业逃税行为并不知情，是因为管理疏漏导致财务人员逃税，就不能追究企业家的刑事责任。2004 年北京晓庆文化艺术责任有限公司被以偷税罪（当年还没有修改为"逃税罪"）判处罚金 710 万元，总经理（主管财务）靖某作为直接责任人，被以偷税罪判处有期徒刑 3 年。公司法定代表人刘晓庆由于没有参与偷税，不构成犯罪，不承担刑事责任。

现在我们来解答案例的后两个问题：

1. 宗庆后欠了那么多税款，为什么不构成犯罪？

宗庆后欠缴个税 3 亿多元，但在税务机关立案前已经补缴了 2 亿多元，在税务机关对其进行立案后，所欠税款仅为几百万元。

我们来推算一下，假如其应纳个税为 3 亿元，那么 3 亿的 10% 是 3000 万元，大大高于几百万元。所以，宗庆后欠税总额虽然多，但没有达到应缴税款额的 10%，没有达到定罪标准。另一方面，也没有证据证明宗庆后具有逃税的主观故意，不符合逃税罪的主观要件。那么，对宗庆后拖欠巨额个税的行为就不处罚了么？当然不是。虽然没有刑事处罚，但其面临着高昂的滞纳金以及税务机关的行政处罚。

2. 补缴税款之后是否还要受刑事处罚？

不一定。如果补缴税款、缴清滞纳金并接受行政部门的处罚，就不再追究刑事责任了。但是，5 年内因逃税受过刑事处罚，或者被税务机关给予 2 次以上行政处罚的除外。

3. 如果行政机关没有追缴，能否直接由公安机关追究刑事责任？

不可以。最高法、最高检《关于办理危害税收征管刑事案件适用法律若干问题的解释》第三条规定："纳税人有逃避缴纳税款行为，税务机关没有依法下达追缴通知的，依法不予追究刑事责任"。

风险防范第 4 计

1. 企业家要依法纳税，并经常对个人税务和企业税务进行自查，避免因管理疏漏出现税务问题。逃税罪的起刑点一个是 10 万元、一个是应缴总额的 10%，两者要同时满足。在自查过程中要以这两个数为红线，时时警惕。

2. 严肃对待税务机关的追缴通知书。收到税务机关的追缴通知书，必须高度重视、立即处理！如果当时人逾期未做处理，税务机关极有可能将案件移送公安机关。从另一个方面来看，税务机关的催缴催缴程序也是一种"保护"，不能未经催缴程序而直接追究刑事责任。

3. 如果在是否应该纳税、纳税数额多少方面与税务机关的意见不一致，要按法律程序提出异议或者进行行政诉讼，绝不能因为意见不一致就拒不交税或不足额交税。如果税务机关计算错误，纳税人多交的税是可以通过法律途径要回来的。但是如果纳税人逾期拒不交税，就可能面临刑事责任，得不偿失。

4. 逃税罪要求行为人主观故意。伪造、变造、隐匿、擅自销毁账簿、记账凭证，在账簿上多列支出或者不列、少列收入等都可以被认为是"采取欺骗、隐瞒手段"。企业家要注意企业账目。如果企业有虚假做账情况，那么就可能会被推断为具有逃税的主观故意。

◆ 五、商业贿赂类犯罪

《刑法》第390条【行贿罪】：为谋取不正当利益，给予国家工作人员、集体经济组织工作人员或者其他从事公务的人员以财物的行为。

《刑法》第393条【单位行贿罪】：单位为谋取不正当利益而行贿，或者违反国家规定，给予国家工作人员以回扣、手续费，情节严重的行为。

《刑法》第391条【对单位行贿罪】：为谋取不正当利益，给予国家机关、国有公司、企业、事业单位、人民团体以财物的；或者在经济往来中，违反国家规定，给予各种名义的回扣、手续费的行为。

《刑法》第163条【非国家工作人员受贿罪】：公司、企业或者其他单位的工作人员利用职务上的便利，索取他人财物或者非法收受他人财物，为他人谋取利益，数额较大的；或在经济往来中，利用职务上的便利，违反国家规定，收受各种名义的回扣、手续费，归个人所有的行为。

《刑法》第 164 条【对非国家工作人员行贿罪】：为谋取不正当利益，给予公司、企业或者其他单位的工作人员以财物，数额较大的行为。

案例

著名跨国药企葛兰素史克公司因涉嫌商业贿赂被调查。经公安部门查明，葛兰素史克（中国）投资有限公司的一些高管与几家旅行社勾结，采用虚增会议规模或者虚报会议的方式，通过旅行社套取巨额现金，一部分自己留用，另一部分则用于贿赂一些地方官员、医药行业协会、医院及医生等，从而提高公司产品销量。同时，旅行社为了长期承揽"业务"，还以现金、免费旅游等手段贿赂这些高管。

2014 年 9 月 19 日，长沙市中级人民法院判决葛兰素史克公司犯对非国家工作人员行贿罪，判处罚金 30 亿元；原公司法定代表人、董事长马克锐有期徒刑三年，缓刑四年，并驱逐出境；收受旅行社贿赂的高管黄某同时触犯非国家工作人员受贿罪，与对非国家工作人员行贿罪数罪并罚，执行有期徒刑三年，缓刑四年。

在分析案例之前，我们先来看看商业贿赂类犯罪的这几个罪名，用简单的话来概括就是：

行贿罪：个人贿赂国家工作人员；

单位行贿罪：单位贿赂国家工作人员；

对单位行贿罪：个人或单位贿赂单位；

非国家工作人员受贿罪：公司、企业工作人员接受他人的贿赂。

对非国家工作人员行贿罪：个人或单位贿赂公司、企业工作人员。

下面我们逐条了解这几个罪名：

（一）行贿罪

构成要件

1. 贿赂对象：国家工作人员、集体经济组织工作人员、其他从事公务的人员。

2. 贿赂目的是为个人谋取不正当利益。

不正当利益：指行贿人谋取的利益违反法律、法规、规章、政策规定；或者要求国家工作人员违反法律、法规、规章、政策、行业规范的规定，为自己提供帮助或者方便条件；或者违背公平、公正原则，在经济、组织人事管理等活动中，谋取竞争优势。如果没有谋取不正当利益，则不构成此罪。比如某企业家与某政府官员是多年好友，企业家逢年过节会送一些精美礼品给政府官员，但是从没要求官员借着职务便利给自己提供任何"方便"。这就只能认定为普通交际馈赠行为。

因被勒索给予国家工作人员财物，并且没有获得不正当利益的，不是行贿。

注意，如果获得了不正当利益，那么依然要定行贿罪。比如某国家机关招标负责人向本来不能中标的投标公司提出："你给我 10 万块钱，我就让你中标。否则我就把你刷掉。"投标公司给了钱，中了标。这种情况下，投标公司已经取得了不正当利益，还是要定行贿罪。

定罪标准

1. 一般标准：3 万元。

2. 有以下情形之一的，从重处罚：

①多次行贿或向多人行贿的；

②国家工作人员行贿的；

③在国家重点工程、重大项目中行贿的；

④为谋取职务、职级晋升、调整行贿的；

⑤对监察、行政执法、司法工作人员行贿的；

⑥在生态环境、财政金融、安全生产、食品药品、防灾救灾、社会保障、教育、医疗等领域行贿，实施违法犯罪活动的；

⑦将违法所得用于行贿的。

量刑标准

1. 构成此罪，3 年以下有期徒刑或拘役，并处罚金；

2. 情节严重，或使国家利益受重大损失的，3—10 年有期徒刑，并处罚金；

认定标准：（1）行贿金额在 100 万—500 万元；

（2）行贿金额在 50 万—100 万元，具有 7 种从重情节的；

（3）造成经济损失数额在 100 万元-500 万元的。

3. 情节特别严重的，或使国家利益遭受特别重大损失的，10 年以上有期徒刑或者无期徒刑，可并处罚金或没收财产；

认定标准：（1）行贿金额在 500 万以上；

（2）行贿金额在 250 万—500 万元，具有 7 种从重情节的；

（3）造成的经济损失数额达 500 万元。

（二）单位行贿罪

构成要件

1. 犯罪主体是单位，包括公司、企业、事业单位、机关、团体等。
2. 贿赂对象是国家工作人员。
3. 贿赂目的是为单位谋取不正当利益。

注意：因行贿获得的违法所得归个人所有的，依照行贿罪定罪处罚。

定罪标准

1. 行贿金额达到 20 万元；
2. 行贿金额 10 万—20 万元，具有 7 种从重情节的。

量刑标准

1. 对单位判处罚金；
2. 对直接负责的主管人员和其他直接责任人员判处 3 年以下有期徒刑或者拘役，并处罚金；情节特别严重的，处 3-10 年有期徒刑，并处罚金。

在本书修订时，尚未出具体参考标准。

（三）对单位行贿罪

构成要件

1. 犯罪主体可以是个人，也可以是单位。
2. 行贿对象是国家机关、国有公司、企业、事业单位、人民团体。
3. 贿赂目的是为谋取不正当利益。

定罪标准

1. 个人行贿金额达 10 万元；单位行贿金额达 20 万元；
2. 个人行贿金额不足 10 万元、单位行贿金额 10 万—20 万元，但是有 7 种从重情节的。

量刑标准

1. 构成犯罪的，3 年以下有期徒刑或者拘役，并处罚金。
2. 情节严重的，处 3-7 年有期徒刑，并处罚金。
3. 单位犯罪的，对单位判处罚金，并对直接负责的主管人员和其他直接责任人员依个人犯罪规定处罚。

（四）非国家工作人员受贿罪

构成要件

1. 犯罪主体：公司、企业的或其他单位的工作人员，以及国有公司、企业以及其他国有单位中的非国家工作人员。
2. 犯罪主体必须利用了职务上的便利条件，索取、或者非法收受他人财物，或收受各种名义的回扣、手续费归个人所有。
3. 为他人谋取利益。

无论"利益"是否合法、正当，也无论有没有实际上为他人谋得利益，只要有允诺（明示或默示）即可。

定罪标准

受贿金额达到 3 万元。

量刑标准

1. 构成犯罪的，3 年以下有期徒刑或拘役，并处罚金；

2. 数额巨大的（100万）或有其他严重情节的，处 3-10 年有期徒刑，并处罚金；

3. 数额特别巨大（未作出规定）或者有其他特别严重情节的，处 10 年以上有期徒刑或者无期徒刑，并处罚金。

（五）对非国家工作人员行贿罪

构成要件

1. 犯罪主体可以是个人，也可以是单位。

2. 行贿对象是公司、企业里的工作人员，包括国企中的非国家工作人员。

3. 贿赂目的是谋取不正当利益，如谋取高于其提供的商品、劳务服务所应得的公平利润，或排除同类竞争者等。

此罪规范的是经营者的竞争行为。所以诸如公司职员为了晋升而向老总送礼、学生家长为了关照向教师送礼、病人向医生送礼等行为，不构成此罪。但，教材教具生产供应商为了与学校签订采购合同而向学校负责采购的教师送礼、医疗器具药品生产供应商为了与医院签订采购合同而向医院负责采购的医生送礼，达到法定数额就要定此罪。

定罪标准

个人行贿数额达 3 万元；单位行贿数额达 20 万元。

量刑标准

1. 个人犯罪：

构成犯罪的，3 年以下有期徒刑或者拘役，并处罚金；

数额巨大的（200万），3—10年有期徒刑，并处罚金。

2. 单位犯罪：对单位判处罚金，对直接负责的主管人员和其他直接责任人员依个人犯罪规定处罚。

风险防范第5计

1. 行贿人在被追诉前主动交代行贿行为的，可以从轻或减轻处罚。其中犯罪较轻，对侦破重大案件起关键作用的，或者有重大立功表现的，可以减轻或免除处罚。根据司法解释，"被追诉前"指"对行贿人的行贿行为刑事立案前"。行贿人可以对其行贿行为的性质进行辩解（比如行贿人不认可赠与行为是行贿，而主张是借款或交际馈赠），辩解不影响"主动交代"的认定。

2. 在判断是"行贿"，还是"交际馈赠"时，往往要考虑收受双方关系、感情、交往情况、物品价值、是否有请托等。建议企业注重与客户关系的日常维护，而不要有事请托临时抱佛脚突击大额送礼。

3. 行贿数额是累加计算的，不能抱有侥幸心理分批次行贿。

4. 在公司的规章制度以及日常运作中，要做好充分的法律风险防范工作，明确禁止商业贿赂行为，确保公司行为合法性。在公司职员、高管行为涉嫌商业贿赂时，企业要证明公司对此是明文禁止并且不知情的，涉案人员系个人行为，而非公司行为。

5. 企业家要提高警惕，不是只有国家工作人员受贿犯法，企业家同样需要做到"清廉"。

◆ 六、合同诈骗罪

《刑法》第224条【合同诈骗罪】：以非法占有为目的，在签订、履行合同过程中，骗取对方当事人财物，数额较大的行为。

案例

A公司法定代表人张某，代表A公司与某区政府签订工业园区投资开发经营合同，约定由某区政府提供1500亩的土地使用权，由A公司投资10亿元。合同签订两个月后，某区政府按照A公司要求，出具了土地使用权证，但声明此证不具有法律效力，有效证件要经过法定审批程序才能取得。

张某在没有经过法定审批程序取得有效证件，10亿元资金也没有落实到位(经查，当时A公司净资产不超过20万元)的情况下，以A公司的名义发布项目招标公告，并以购买标书款和投标保证金为由，骗取投标的C公司52.2万元。随后A公司因未按期年检被吊销营业执照，张某未经开标、评标，直接以其另外一家公司——D公司的名义，向C公司发送中标通知书，通知C在30日内与D公司签署正式合同。C公司认为此次招标的主体和程序都存在很大的疑点，遂多次要求张某返还所交款项，张某则以C公司中标后未如约签署正式合同构成违约为由，告知C公司其投标保证金被没收。后C公司报案。经过法庭审理，判决张某犯合同诈骗罪，判处其有期徒刑11年，罚金人民币10万元，并责令其退赔C公司经济损失52.2万元。

做生意有风险，不履约就要被判合同诈骗罪吗？当然不是。法律允许投资失败，也允许自愿承担后果的民事违约行为，法律禁止的是借着合同名义骗取他人财物的行为。是否构成合同诈骗罪，关键是是否以非法占有对方财产为目的。要结合有无欺诈行为、合同签订后是否逃避履约、违约原因、款项去向、当事人是否具备履约能力等进行综合认定。

我们来了解一下合同诈骗罪的规定。

构成要件

1. 犯罪主体：合同的一方当事人，可以是个人或者单位。
2. 主观要件：有非法占有他人财物的目的。
3. 实施了以下行为之一：

（1）以虚构的单位或者冒用他人名义签订合同的；

（2）以伪造、变造、作废的票据或者其他虚假的产权证明作担保的；

（3）没有实际履行能力，以先履行小额合同或者部分履行合同的方法，诱骗对方当事人继续签订和履行合同的；

（4）收受对方当事人给付的货物、货款、预付款或者担保财产后逃匿的；

（5）以其他方法骗取对方当事人财物的。

定罪标准

骗取财物数额达2万元。

量刑标准

1. 构成此罪，3年以下有期徒刑或者拘役，并处或者单处罚金；
2. 数额巨大或情节严重：3—10年有期徒刑，并处罚金；
3. 数额特别巨大或情节特别严重：10年以上有期徒刑或者无期徒刑，并处罚金或者没收财产。

具体标准各地可以根据经济发展水平自行规定。

那么，合同诈骗罪与我们正常交易中的违约行为有哪些区别呢？关键就在于，是否有"非法占有"他人财物主观目的。

合同诈骗罪中，行为人是通过欺骗、隐瞒、捏造事实等手段骗取对方信任，之后假借经济合同外衣，让对方"自愿"交付货物、货款、定金、保证金等财物，随后侵占财物。签订的经济合同是假的，是行骗的手段，行为人根本没可能或没打算履行合同。

正常交易签订的合同是双方真实意思的表达，双方都有履行合同的意愿。一旦有一方违约，合同无法如约履行，违约方也同意承担违约责任。合同是真的，合同当事人没有非法侵占对方财物的目的。

由于行为人主观上是否有侵占目的很难证明，所以法律罗列了一些客观行为（构成要件中的五种行为），来推断行为人主观上具有侵占目的。当然，在判断时，还要综合考虑行为人在签订合同时有无履行能力、有无诈骗行为、在合同签订后有无履约行为、对取得的财产如何进行处置、违约后有无承担责任意愿、违约原因是否合理等。

我们来看开篇的案例：A公司没有经过法定审批手续取得有效土地使用权证，也没有落实投资资金，是不具备招标条件的。A公司明知并隐瞒这一点而进行招标，并收取C公司购买标书款和保证金。之后，A公司被吊销营业执照，此时A公司的法定代表人张某不但没有返还款项，亦没有告知C公司，而是以D公司名义通知C公司中标。在C公司察觉之后，单方没收了保证金。张某明知A公司不具有资质仍进行招标，骗取C公司保证金不予归还的行为构成"合同诈骗罪"。案发时，A公司已经被吊销营业执照，没有主体资格，所以只追究张某的刑事责任，对A公司不再追诉。

风险防范第6计

1. 交易要诚信，尽量不要使用虚假信息。如果在签订合同时确有欺瞒，要尽快进行弥补漏洞，并积极履行合同，保留证据证明自己有履行合同的愿望和行动，"欺瞒"的目的并不是诈骗对方财物。一旦签订合同之后有突发情况导致不能及时履行，要及时与交易方沟通，说明情况，表明愿意依法承担违约责任，并注意保留证据。

2. 在交易前要注意核实对方身份信息。做好尽职调查，查询、核实对手企业的工商登记信息，甚至到办公场所进行实地考察，查询企业近期交易情况及涉诉情况等。同时要向对方公司核实前来洽谈合同的代表人的身份、职务、工作权限，要保留对方公司认可代表人权限、愿意对代表人行为负责的相关声明或其他证据。

3. 在与经常合作的公司进行交易时，也不要麻痹大意。在再次交易时，尤其是交易额激增时，一定要再次确认一下对方公司最近的经营状况是否良好、代表人的工作权限是否有变动等，以此防止对方公司已陷入困境骗钱自救，或代表人已经离职后仍然以原职位名义进行诈骗活动。

4. 在交易中，要警惕对方的反常行为。例如交易额或交易量激增、故意拖延交货或付款时间、经常联系不到对方公司或代表人等。建议每一单合同均安排专人负责履约跟踪，即跟进合同的履约情况、对手公司经济状况、经营运转情况等，一旦发现异常情况（经营异常、财务状况异常、涉诉或被执行等）立即预警，报告公司研究进一步处理。

第二章　商事部分

　　2023年12月29日，十四届全国人大常委会第七次会议修订通过《公司法》，自2024年7月1日起施行。在本书修订时，新《公司法》已经颁布，尚未施行。那么关于新《公司法》的诸多变化中，我选取了一些重要的跟各位进行简要介绍：

　　第一个变化，有限责任公司改为"限期认缴制"，出资期限不超过5年。也就是说，股东应当在最长5年内将认缴的出资额出资到位。这就要求股东在注册公司的时候，应当合理评估自身出资能力，不要盲目追求高"认缴出资额"，否则到期无法履行出资义务，可能会面临法律责任，包括：补足出资义务、给公司造成损失要赔偿、可能被公司登记部门处以罚款（5万-20万，情节严重的可按未缴出资额的5%-15%处罚）、还可能连累其他股东或具有监督义务的董、监、高。而股份有限公司一律实行"实缴制"，也就是说注册资本需要验资，到位了才能设立股份有限公司。以后，开公司的门槛提高了。那么对于在新《公司法》生效前已经存在的公司，如果其出资期限很长、超过新《公司法》的规定，怎么办呢？2024年2月6日，《国务院关于实施〈公司法〉注册资本登记管理制度的规定（征求意见稿）》公布，确定了关于存量公司出资期限的调整方案：自2024年7月1日起至2027年6月30日止为过渡期，过渡期内，存量公司应当自行作出调整。过渡期满，股份有限公司应当完成出资；有限责任公司则应当将出资期限调整至 5 年内。所以，相当于股份有限公司至迟在 2027 年 6 月 30 日完成出资、有限责任公司至迟在 2032 年 6 月 30 日完成出资。那如果股东无法在 3 年或者 8 年内筹齐所认缴的出资该怎么办呢？建议应当在过渡期满之前，及时减资甚至注销公司。

第二个变化，在有限责任公司中，设立未出资股东"失权"制度。股东出资期限届满后，仍未出资，董事会有义务催缴。未履行催缴义务，给公司造成损失的，有责任的董事应当赔偿。公司催缴应当发出书面催缴书，可载明宽限期，宽限期自催缴书发出之日起不得少于 60 日。宽限期满，股东仍未出资，公司经董事会决议可以向股东发出失权通知书。自通知发出之日，该股东丧失未缴纳出资的股权。公司收回股权后应当依法转让或减资、注销，如果 6 个月内既未转让又未注销，则由其他股东按出资比例缴纳相应出资。股东对失权可提出异议，自接到失权通知之日起 30 日内，向法院起诉。

第三个变化，增加了"公司负债加速出资"制度。旧《公司法》下，只有公司破产，或者符合破产情况时，出资期限尚未届满的股东才丧失期限利益，出资义务立即到期。新《公司法》将加速出资的情况扩大了，只要公司负债，则股东丧失出资期限利益，应当立即补足出资。举个例子。旧《公司法》下，张三认缴 100 万，认缴期限 50 年，实缴 1 万。在公司成立后第 10 年时，公司欠债 80 万，那由于张三没到出资期限，债权人不能要求张三承担责任。但是如果债权人申请张三的公司破产，且法院受理了破产申请，此时张三不等剩下的 40 年了，应当立即补足 99 万。而新《公司法》下，则不要求债权人去申请张三的公司"破产"了，只要张三的公司不能清偿到期债务，就可以要求张三立即补足出资 99 万。

第四个变化，明确了股东可以要求查阅会计凭证，亦可以委托会计师事务所、律师事务所等中介结构进行。且股东可以要求查阅公司全资子公司的会计凭证。这个规定极大保护了股东的知情权。会计凭证是会计做账的原始凭证,包括原始合同工、收据、发票、签收单、货单等等重要材料。股东通过委托专业机构查阅会计凭证,可以了解公司的真实财务情况。尤其对小股东来说,可以打破大股东控制下的"信息不对称",极大维护自己的权益。

第五个变化,股份有限公司中,增加了类别股制度。类别股有不同的种类,比如优先或劣后分配利润的股份、表决权大于或小于普通股的股份、转发受限的股份等。新《公司法》允许公司通过章程,来规定发行类别股,极大地尊重了股份有限公司的自主意愿,增加了市场活力,会给股份有限公司的发展提供更大的便利。

第六个变化,是增加了关联公司之间的"人格否认制度"。旧《公司法》只是揭开了股东与公司之间的面纱,但是对于同一个股东设立了多家公司、运用多家公司之间资产转移来逃避债务的情形没有明文规定。新《公司法》将这种情况穿透了,我们称之为"横向法人人格否认制度",很形象,以前是股东与公司之间的"纵向"否认,以后扩大到了关联公司之间的"横向"否认。这一部分我们放在第12篇来单独讲。

第七个变化是加重了董、监、高责任。比如董事有催缴股东出资义务;董、监、高有监督股东"资本维持"义务——不得抽逃出资、不得违法减资;不得违法分配利润;不得违法财务资助;董事是公司清算义务人;董、监、高在执行职务给他人造成损害且存在故意或重大过失的应当承担赔偿责任等。我们发现企业的董、监、高,职业风险越来越高了,《公司法》明文提倡企业给他们投职业保险。

变化还有很多，这里不一一讲了。那么接下来的每一篇，我都将把新《公司法》的变化融合进去，为您展示在做企业的过程中应当掌握的法律知识。

◆ 七、公司章程

公司章程，是公司必备的调整公司内部组织关系和经营行为的自治规则，内容包括公司基本情况，股东会、董事会、监事会、法定代表人等公司组织机构的产生办法、职责、议事规则等，公司利润分配方式、股权变更、转让规定及程序，公司解散及清算程序等重大事项。

案例1

甲、乙、丙三人签订了一份《股东协议书》，约定出资成立公司，其中甲、乙各占41.5%的股份，丙占17%；并约定丙负责出资100万元，其余应出资金由甲、乙双方垫付。

后公司注册成立。但在公司登记备案的章程中规定：公司注册资本为800万元，甲认缴400万元，占公司股权的50%，乙认缴264万元，占公司股权的33%，丙认缴136万元，占公司股权的17%。甲、乙、丙分别对缴纳时间均作出了承诺。

甲、乙如期按照章程规定缴纳了出资，但丙只缴纳100万元，剩余36万元迟迟不缴。丙认为，根据《股东协议书》的约定，自己只需出资100万元，剩余36万元应由甲、乙垫付。三方对簿公堂，最终法院判决丙应按照章程履行出资补缴义务。

案例 2

A 公司欠 B 公司钱，C 公司为 A 公司向 B 公司提供担保。担保合同签字人是 C 公司的法定代表人张某。后 A 公司无法还钱，C 公司也拒绝还款。B 公司将 A、C 公司告上法庭。

C 公司提出，《公司法》中有明确规定，公司为他人提供担保，应按照公司章程的规定，由董事会或者股东会决议。而依据 C 公司的公司章程，担保决议必须经股东会同意。张某并没有经股东会授权，属擅自与 B 公司签订担保合同的行为无效。B 公司没有审查 C 公司的公司章程，也没有让张某提供股东会的任何决议，就与张某签订合同，没有尽到审查义务，应当承担不利后果。

法院审查认为，B 公司没有尽到审查义务，根据《最高人民法院关于适用〈中华人民共和国民法典〉有关担保制度的解释》，主合同有效而第三人提供的担保合同无效，债权人与担保人均有过错的，担保人承担的赔偿责任不应超过债务人不能清偿部分的 1/2。故要求 C 公司在 A 公司不能清偿的范围内承担 1/2 的担保责任。

公司章程是公司内部的"宪法"，是最高行为准则。在建立公司之初，股东就要制定出章程，体现股东的意志和利益，规范日后公司的运转规则。《公司法》赋予股东很大的自治权，在章程的许多方面都允许由股东协商决定。企业家们要抓住这个机会来最大化自身权益。

我国《公司法》关于"公司章程"的相关规定：

效力范围

设立公司必须依法制定公司章程。公司章程对公司、股东、董事、监事、高管具有约束力。

制定主体

1. 有限责任公司章程，由全体股东共同制定。

2. 股份有限公司章程，由全体发起人制定。如果是募集方式设立的公司，章程还要经成立大会通过。

公司章程应当载明事项

	有限责任公司	股份有限公司
1	名称、住所	名称、住所
2	经营范围	经营范围
3	注册资本	设立方式
4	股东姓名或名称	公司注册资本、已发行的股份数、设立时发行的股份数、面额股的每股金额；
5	股东出资方式、出资额、出资日期	发行类别股的，每一类别股的股份数及其权利和义务；
6	公司机构及产生办法、职权、议事规则	发起人姓名或名称、认购股份数、出资方式；
7	法定代表人的产生、变更方法	董事会的组成、职权、议事规则
8	股东会会议认为需要规定的其他事项	法定代表人的产生、变更方法
9		监事会的组成、职权、议事规则
10		利润分配方法
11		解散事由与清算办法
12		通知和公告办法
13		股东会认为需要规定的其他事项。

分 则

允许约定的事项（包括且不限于以下方面）

1. 经营范围

公司经营范围由章程规定，并依法登记。可以修改章程改变经营范围，但是应办理变更登记。公司的经营范围中属于法律、行政法规规定须经批准的项目，应当依法经过批准。

2. 法定代表人

法定代表人按照章程的规定，由代表公司执行公司事务的董事或者经理担任。担任法定代表人的董事或者经理辞任的，视为同时辞去法定代表人。法定代表人辞任的，公司应在辞任之日起30日内确定新的法定代表人。

公司章程可以对法定代表人职权进行限制，但不得对抗善意相对人。也就是说，如果法定代表人超越职权代表公司进行民事法律行为，如果交易对方并不知情，则该民事法律行为的效力不受影响。但公司可以依据章程追究法定代表人责任。

3. 股东表决权

有限责任公司：股东如何行使表决权，可以由公司章程规定。无规定则按出资比例行使。也就是说，不一定出资多的表决权就大，股东可以协商每个人的表决权大小。

股份有限公司：普通股的表决权是与持股数量成正比的，每持一股份则有一表决权；类别股每一股的表决权，可由公司章程规定。

4. 分红比例

公司弥补亏损和提取公积金后所余的税后利润如何分配，可以由公司章程规定。

无规定的，有限责任公司按照实缴出资比例、股份有限公司按照股东持股比例分配。

5. 股东优先认股权

有限责任公司股东对公司新增资本按实缴出资比例享有优先认股权，但章程可以另行规定。

股份有限公司增发新股时，股东原则上不享有优先认购权，但章程亦可以另行规定。

6.（股份有限公司）发行类别股

新《公司法》增加了股份有限公司的"类别股"制度。公司章程可规定公司发行下列类别股：（1）优先或劣后分配利润或剩余财产的股份；（2）每股表决权多或少于普通股的股份；（3）转让需经公司同意等转让受限的股份；（4）国务院规定的其他类别股。

发行类别股的，应当在章程中载明：（1）类别股分配顺序；（2）类别股表决权数；（3）类别股转让限制；（4）保护中小股东权益的措施；（5）需经类别股股东会议决议的事项等。

7.（股份有限公司）授权资本制

章程或股东会，可授权董事会在 3 年内决定发行不超过已发行股份 50% 的股份。该董事会决议应当经全体董事 2/3 以上通过。

8. 股权转让

章程可以对股东股权转让程序、其他股东的优先购买权进行规定。

如无规定，那么有限责任公司股东之间可以相互转让股权；股东向非股东转让股权应将股权转让的数量、价格、支付方式和期限等事项书面通知其他股东，其他股东在同等条件下有优先购买权。股东自接到书面通知之日起 30 日内未答复的，视为放弃优先购买权；2 名以上股东行使优先购买权的，协商确定购买比例，协商不成按照转让时各自出资比例行使优先购买权。在强制执行程序中，法院执行股东股权时应当通知公司及全体股东，其他股东自通知之日起满 20 日不行使优先购买权，视为放弃。

新《公司法》中，对股份有限公司股权的转让，亦可通过公司章程进行限制。我们认为，主要是针对类别股、董监高持股、股权激励员工持股等的转让限制。

9. 股权继承

除章程另有规定外，自然人股东死亡后，其合法继承人可以继承股东资格。

也就是说，章程可以排除"股东资格"的继承。但是，如果公司不同意法定继承人继承股东资格，就要将死亡股东的股权折现，将折现款给到合法继承人。建议在公司章程中对自然人股东的股权继承问题进行详细约定，避免股东尤其是大股东离世后家族争产出现股权继承纠纷，从而影响对公司造成剧烈震荡。

10. 三会（股东会、董事会、监事会）、三会成员、经理、法定代表人等重要公司组织机构的任免规则、任期、职权、考核规则等。

11. 其他公司重大事项（大额投资、变更经营方向、特殊决策、公司担保、公司合并、增资减资等）的决定权及限额等。

12. 清算义务人。如果没有规定，则清算组由董事组成。董事应当在公司解散事由出现之日起 15 日内组成清算组进行清算。清算义务人未及时履行清算义务，给公司或债权人造成损失的，应承担赔偿责任。

违反公司章程的法律后果

1. 出资违反章程：

（1）股东应当补缴出资，其他发起人股东与其在出资不足的范围内承担连带责任。

（2）股东未缴出资对公司造成损失的，该股东与有催缴义务的董事共同承担赔偿责任。

（3）公司登记机关可以对未缴出资处以 5-20 万罚款（情节严重的可以按照未出资金额 5%-15% 处以罚款），对直接负责的主管人员和其他直接责任人员处以 1-10 万元罚款。

2. 股东抽逃出资：

（1）应当返还出资；

（2）给公司造成损失的，该股东与负有责任的董、监、高承担连带赔偿责任。

（3）公司登记机关可以对其处以所抽逃出资金额 5%-15% 罚款；对直接负责的主管人员和其他直接责任人员处以 3-30 万元罚款。

3. 决议违反章程：

股东会、董事会的召集程序、表决方式、决议内容违反公司章程的，股东可自决议作出之日起 60 日内，请求人民法院撤销。但会议召集程序、表决方式仅有轻微瑕疵，对决议未产生实质影响的除外。

未被通知参加股东会的股东自知道或应当知道股东会决议作出之日起 60 日内，请求人民法院撤销，但自决议作出之日起一年内没有行使撤销权的，撤销权消灭。

4. 履职违反章程：

（1）董、监、高执行公司职务时违反公司章程、给公司造成损失的，应当承担赔偿责任。

（2）董、高违反公司章程、损害股东利益的，股东可以向人民法院提起诉讼。

（3）董事会决议违反法律、行政法规或者公司章程、股东会决议，给公司造成严重损失的，参与决议的董事对公司负赔偿责任；经证明在表决时曾表明异议并记载于会议记录的，该董事可以免除责任。

公司章程修改程序

1. 有限责任公司修改公司章程，须经股东会作出决议，要求代表 2/3 以上表决权的股东通过；

2. 股份有限公司修改公司章程，须经股东会作出决议，要求出席股东会议的股东所持表决权的 2/3 以上通过。发行类别股的公司，还应当经出席类别股股东会议的股东所持表决权的 2/3 以上通过。

关联知识——发起人协议

1. 发起人协议，是指各方主体以设立公司为目的，对在公司设立过程中各方的权利义务以及相应的责任所作出的约定。其功能在于调整公司成立之前各方主体的法律关系。

2. 股份有限公司发起人必须签订发起人协议，有限责任公司可以选择签订发起人协议。

3. 发起人协议是规范公司成立前各方权利义务的；公司章程是规范公司成立后各项事务的。

4. 在公司章程生效后，如果内容与发起人协议有冲突，以何为准？关于这个问题，司法实践中有不同的判决。主要取决于发起人协议中是否有明确约定当"本协议"与公司章程冲突时优先适用哪一个。如果发起人协议中已有约定，则按照规定即可。如没有约定，一般情况下，由于章程订立在后，往往以章程为准。

另外，章程是对外公示的，而发起人协议是内部协议具有私密性，所以如果涉及"对外"关系，章程往往更加优先，发起人协议只在内部有效。

结合上述内容，我们来看案例 1：

《股东协议书》的性质是发起人协议。本案中，公司章程对股东出资义务进行了新的规定，应该遵从章程规定，丙应按照章程补足出资。

再看案例 2：

《公司法》15 条规定公司向其他企业投资或者为他人提供担保，依照公司章程的规定，由董事会或者股东会决议；公司章程对投资或者担保的总额及单项投资或者担保的数额有限额规定的，不得超过规定的限额。公司为公司股东或者实际控制人提供担保的，必须经股东会决议，且该股东或该实控人支配的股东需要回避表决，由出席会议的其他股东所持表决权过半数通过。

担保合同的债权人必须在签订合同时审查提供担保的公司的章程及相关决议，才能被认定为"善意相对人"。债权人审查了（形式审查即可，无需考证相关决议是否真实），则"善意"，担保合同有效。债权人没审查，则非"善意"，担保合同无效。

要强调一点，担保合同无效，公司虽不承担担保责任，但也要承担不超过债务人不能清偿部分的 1/2 的责任。

案例 2 中，担保人是 C 公司，依据其公司章程，担保决议应当经过股东会。而 A 公司并没有要求 C 公司提供股东会决议，A 未尽审查义务，故担保无效，C 不承担担保责任。但 A、C 都具有过错，所以法院应判决 C 公司承担不超过 B 公司不能清偿部分 1/2 的责任。

风险防范第 7 计

1. 公司在设计章程时，不应直接采用网上下载的格式文本，应当结合股东的需求进行个性化设计。最好将各股东的意见汇总后请律师帮忙设计章程，达到既有效治理公司，又最大化实现各股东诉求的目的。

2. 小股东可通过在公司章程中设立"优势表决权"、股东权利救济机制等方式，限制大股东权利，保障小股东的合法权益。

3. 发起人协议的效力往往低于公司章程。发起人应将个人利益诉求明确写进公司章程，以避免发起人协议因公司成立后与章程冲突而失效（案例 1）。

4. 公司提供担保的，一定要审查公司章程及相关决议文件。如果是上市公司，直接审查上市公司公告（上市公司对外提供担保必须公示）。如果未能查询到担保公告，该决议有效性有待考证。

◆ 八、三大机构

三大机构，是指公司的股东会、董事会、监事会，在公司运转中分别行使决策、执行和监督职能，是公司得以经营运作的主心骨。下面我们就了解一下这三大机构的相关知识。本次《公司法》的修订，强化了董事会、弱化了监事会。董事会在公司管理中的地位越发重要、董事权利越来越大，责任也相应越来越重。有限责任公司的监事会则变成可选择设立的机构。本篇我们将学习新《公司法》下，三大机构的新规定。

股东会

1. 股东会是公司的权力机构,由全体股东组成。行使以下职权:

(1) 选举和更换董事、监事,决定有关董事、监事的报酬事项;

(2) 审议批准董事会的报告;

(3) 审议批准监事会的报告;

(4) 审议批准公司的利润分配方案和弥补亏损方案;

(5) 对公司增加或者减少注册资本作出决议;

(6) 对发行公司债券作出决议;

(7) 对公司合并、分立、解散、清算或者变更公司形式作出决议;

(8) 修改公司章程;

(9) 公司章程规定的其他职权;

股东会可授权董事会对发行公司债券作出决议。

以上(1)-(9)事项股东以书面形式一致表示同意的,可以不召开股东会会议,直接作出决定,并由全体股东在决定文件上签名或者盖章。只有一个股东的公司不设股东会。股东作出前列事项的决定时,应当采用书面形式,并由股东签名或者盖章后置备于公司。

2. 会议的召开

股东会的召开分为定期会议和临时会议。定期会议按照公司章程的规定召开(股份有限公司股东会应当每年召开一次);临时会议除在章程规定的情况下召开外,还在出现以下情况时召开:

有限责任公司中,代表 1/10 以上表决权的股东、1/3 以上董事、监事会提议召开时;

股份有限公司中,出现以下情况,应当在 2 个月内召开:

（1）董事人数不足本法规定人数，或公司章程规定人数的 2/3 时；

（2）公司未弥补的亏损达股本总额的 1/3 时；

（3）单独或合计持有公司 10% 以上股份的股东请求时；

（4）董事会认为必要时；

（5）监事会提议时；

（6）章程规定的其他情形。

3. 召集与主持

股东会会议，由董事会召集、董事长主持；董事长不能或不主持的，由副董事长主持；副董事长不能或不主持的，由 1/2 以上董事共同推举一名董事主持。

董事会不能或不履行召集股东会职责的，由监事会召集和主持。

监事会不召集和主持的，有限责任公司代表 1/10 以上表决权的股东、股份有限公司连续 90 日以上单独或者合计持有公司 10% 以上股份的股东可以自行召集和主持。

单独或者合计持有公司 10% 以上股份的股东请求召开临时股东会会议的，董事会、监事会应当在收到请求之日起 10 日内作出是否召开的决定并书面答复。

4. 表决权行使与决策

有限责任公司中，公司章程可以规定股东如何行使表决权，如未规定，则按照出资比例行使表决权；股份有限公司中，股东所持每一股份有一表决权（类别股股东除外；公司持有的本公司股份没有表决权）。

有限责任公司，股东会作出决议应当经代表过半数表决权的股东通过；股份有限公司，股东会作出决议应当经出席会议股东所持表决权过半数通过。

做出修改公司章程、增减注册资本、合并、分立、解散公司、变更公司形式这类重大决议时，有限责任公司必须经 2/3 以上表决权的股东通过；股份有限公司必须经出席会议的股东所持表决权的 2/3 以上通过；发行类别股的公司，还应当经出席类别股股东会议的股东所持表决权的 2/3 以上通过。

董事会

1. 公司设董事会，成员 3 人以上（但是规模较小的公司可以不设董事会，设 1 名董事，行使董事会职权）。

董事由股东会选举或民主选举（职工代表）产生。董事会设董事长一人，有限责任公司董事长的产生办法由公司章程规定；股份有限公司董事长由董事会全体董事的过半数选举产生。职工人数 300 人以上的公司，除依法设监事会并有职工代表的外，其董事会成员中应有公司职工代表。职工代表由职工代表大会、职工大会其他形式的民主选举产生。

董事会行使以下职权：

（1）召集股东会会议，并向股东会报告工作；

（2）执行股东会的决议；

（3）决定公司的经营计划和投资方案；

（4）制订公司的利润分配方案和弥补亏损方案；

（5）制订公司增、减注册资本以及发行公司债券的方案；

（6）制订公司合并、分立、解散或者变更公司形式的方案；

（7）决定公司内部管理机构的设置；

（8）决定聘任或者解聘公司经理及其报酬事项，并根据经理的提名决定聘任或者解聘公司副经理、财务负责人及其报酬事项；

（9）制定公司的基本管理制度；

（10）公司章程规定或股东会授予的的其他职权。

可以看出，很多重要的工作制度、项目方案是由董事会来起草的，之后提交股东会审议、表决，最终形成决策，再由董事会来负责执行。

2. 会议的召开

在股份有限公司中，董事会每年度至少召开两次会议，每次会议应于会议召开10日前通知全体董事和监事。并且，在代表1/10以上表决权的股东、1/3以上董事、监事会提议时，应当召开董事会临时会议。

董事会应有过半数董事出席方可举行。

3. 表决权行使与决策

董事会决议表决，实行一人一票制。董事会作出决议应当经全体董事过半数通过。

董事会的决议违反法律、行政法规或者公司章程、股东会决议，给公司造成严重损失的，参与决议的董事对公司负赔偿责任；经证明在表决时曾表明异议并记载于会议记录的，该董事可以免除责任。

4. 董事任期由公司章程规定，但每届不得超过3年，连选可连任。股东会可以决议解任董事，决议作出之日解任生效。无正当理由，在任期届满前解任董事的，该董事可以要求公司予以赔偿。董事辞任的，应当书面通知公司，公司收到通知之日辞任生效，但是，如果董事在任期辞任会导致董事会成员低于3人，则在改选出新董事就任前，原董事应当继续履行董事职务。

5. 关于"审计委员会"的新规定：

公司可以按照章程规定，在董事会中设置由董事组成的审计委员会，行使本法规定的监事会的职权，不设监事会或者监事。

审计委员会成员3名以上，过半数不得在公司担任除董事以外的其他职务，且不得与公司存在任何可能影响其独立客观判断的关系。公司董事会成员中的职工代表可以成为审计委员会成员。

审计委员会表决实行一人一票，过半数可作出决议。

监事会

1. 公司设监事会，成员不少于3人。但已经设置审计委员会行使监事会职权的公司，可以不设监事会或监事。

规模较小或股东人数较少的有限责任公司，全体股东一致同意，可以不设监事会或监事。

规模较小或股东人数较少的股份有限公司，可以不设监事会，但需要设一名监事，行使监事会职权。

监事会应当包括股东代表和适当比例公司职工代表，其中职工代表比例不低于1/3，具体比例由公司章程确定。职工代表由职工代表大会、职工大会其他形式的民主选举产生。监事会设主席一人，由全体监事过半数选举产生。

监事会行使以下职权：

（1）检查公司财务；

（2）对董事、高管执行职务的行为进行监督，对违反法律、行政法规、公司章程或者股东会决议的董事、高管提出解任的建议；

（3）当董事、高管的行为损害公司的利益时，要求董事、高管予以纠正；

（4）提议召开临时股东会会议，在董事会不履行本法规定的召集和主持股东会会议职责时召集和主持股东会会议；

（5）向股东会会议提出提案；

（6）对违反法律、法规或公司章程而损害股东利益的董事、高管提起诉讼；

（7）公司章程规定的其他职权。

2. 会议召开与表决

有限责任公司每年度、股份有限公司每6个月至少召开一次监事会。监事可以提议召开临时监事会会议。监事会决议表决实行一人一票，监事会决议应当由全体监事过半数通过。

3. 监事任期

每届任期为3年，连选可以连任。

监事任期届满未及时改选，或者监事在任期内辞任导致监事会成员低于3人的，在改选出的监事就任前，原监事仍应当履行监事职务。

4. 监事职责

监事负责监督公司运行情况、董事与高管的职务行为等。为了避免"监守自盗"，董事、高管不得兼任监事。

监事可以列席董事会会议，并对董事会决议事项提出质询或者建议；

监事会发现公司经营情况异常，可以进行调查；必要时，可以聘请会计师事务所等协助其工作，费用由公司承担；

监事会可要求董事、高管提交执行职务的报告。

风险防范第8计

1. 建议企业根据需要，在公司章程中细化三大机构职责、议事规则。尤其在有限责任公司中，最大限度发挥法律赋予企业的自治权。一方面便于权力管理与制约，另一方面落实责任到人，便于倒查追责。

2. 董事长、经理是公司的重要职务，但《公司法》中没有具体规定董事长的职权职责，新《公司法》也删去了关于经理职责的法定内容，改由公司章程规定或由董事会授权。所以，董事长、经理各有什么权力、多大权力、承担什么任务，公司可以自己说了算。但是要注意，章程对董事长、经理职责的规定和限制，是内部规定，对外不能对抗善意相对人。而根据商事交易习惯，董事长、经理往往有天然地代理公司对外开展业务的权利。所以，公司应当加强对董事长、经理等人的职务管理，以防出现"越权代理"。

3. 股东会、董事会召开程序、决议内容均需符合法律法规和公司章程，否则可能会被认定为无效或被撤销——决议内容违法的，无效；决议程序违法、决议内容或程序违反章程的，可撤销。但是仅在程序上有轻微瑕疵，并没有对决议造成实质影响的除外。

4. 新《公司法》下，监事会不再是必设部门，甚至可以连监事都不设。那么，小股东的利益如何来保障，就需要小股东利用好《公司章程》来和大股东"抗衡"。在公司成立之初，就应当居安思危，在公司章程中约定对小股东权益保障的条款，避免在企业壮大后"人微言轻"，诉求无法被保障。

5.《公司法》规定，具有以下情形之一的人员不能担任公司董事、监事、高管。在任职期间出现以下情况，需要解除职务：

（1）无民事行为能力或者限制民事行为能力；

（2）因贪污、贿赂、侵占财产、挪用财产或者破坏社会主义市场经济秩序，被判处刑罚，或者因犯罪被剥夺政治权利，执行期满未逾5年，被宣告缓刑的，自缓刑考验期满之日起未逾2年；

（3）担任破产清算的公司、企业的董事或者厂长、经理，对该公司、企业的破产负有个人责任的，自该公司、企业破产清算完结之日起未逾3年；

（4）担任因违法被吊销营业执照、责令关闭的公司、企业的法定代表人，并负有个人责任的，自该公司、企业被吊销营业执照、责令关闭之日起未逾3年；

（5）个人所负数额较大的债务到期未清偿被人民法院列为失信被执行人。

企业在选聘这些职务的人员时，应注意审查筛选，避免出现以上情况导致选聘无效。

◆ 九、隐名股东

隐名股东，又称隐名出资人，是指有限责任公司中实际认购出资，但并不记载于公司章程、股东名册或其他工商登记材料的出资人。

与隐名股东相对应的，实际未出资，但被记载于公司章程、股东名册或其他工商登记材料的人，被称为"显名股东"或"挂名股东"。

案例1

李某系某国家机关领导，属于国家公务人员，想与朋友张某共同出资成立一家有限责任公司，因为身份上的限制，李某就与妻弟韩某签订了《隐名出资协议》，约定韩某的出资实际由李某个人财产所出。后来李某与妻子离婚，李某与韩某也关系破裂，李某向法院提起了确认股东资格的诉讼。诉讼中李某提出公司的股份属于自己，而韩某主张李某不具有股东资格。经过法庭审理，认为李某违反了法律的强制性规定，其出资行为无效，不具有股东资格。

案例2

张某、李某系当地富豪，但为人均比较低调。二人与朋友王某共同出资经营宾馆旅店行业，并签订了《合作协议》，约定以王某名义成立一人有限公司，但三人实际上共同经营；如转让股份，需经全体股东协商一致同意。根据该协议，王某向市场监督管理局提交了《个人独资企业设立登记申请书》申请成立某宾馆，投资人为王某。

两年后，王某私自将公司转让给朱某，并签订《出资转让协议书》。投资人变更后，张、李两人才知情，与王某理论未果。张、李二人向法院起诉。

法院经审理认为《合作协议》合法有效，宾馆为张、李二人与王某共同出资的企业，王某是显名股东，张某、李某是隐名股东。王某私自转让公司的行为违反了《合作协议》，侵害了张、李合法权益，应赔偿张、李二人损失。

我国法律规定，公司股东应在工商登记材料（公司章程、股东名册等）中进行公示，登记的股东应与实际投资人一致。但实践中，投资者出于各种各样的目的不愿以真实身份进行投资，找"替身"的情况已经很普遍了。

原因有二：一是为规避法律的禁止性规定，该行为由于本身具有违法性，一般会被法院确认无效（如案例1）；二是出于其他合法的原因，比如出资人不愿意公开自身的经济状况，此时法律往往会认定隐名投资行为有效（如案例2）。

司法解释规定，实际出资人未经公司其他股东半数以上同意，请求公司变更股东、签发出资证明书、记载于股东名册、记载于公司章程并办理公司登记机关登记的，人民法院不予支持。

简言之，隐名股东并不是公司股东。法律虽然认可隐名股东的投资，保护其受益权，但并不承认其股东身份。隐名股东如果想从幕后走到台前，自己来做股东的话，则必须经公司其他股东过半数同意。

有些人缺乏法律意识，在进行隐名投资时，没有与显名股东签订合同，或者有合同但内容不规范、不完善，导致日后双方各执一词，一方说这是个隐名投资关系，另一方说这只是个借贷关系。当面临这样的情况时，如何判断？

没有合同时，是否隐名投资关系，要通过出资人行为综合判断。最主要的是看由谁真正行使股东权利、享受股东收益、参与公司管理；还可以看公司其他股东对出资人是否知情并认可其股东身份，或对其股东身份未提出过异议；另外要看实际出资人享有的是股权收益（随公司效益情况而变动）还是固定收益（可计算的借款利息）。

除了股权纠纷风险，隐名投资行为还存在着道德风险：显名股东在外在形式上具有完全的股权，其他人有理由相信其为公司股东。如果显名股东利用此便利将名下股权进行转让、抵押，相对人很难知道被处分的股权有瑕疵。如案例2中王某将公司股权转让给朱某，此时出于保护"交易安全"考虑，适用"善意取得"制度。即是说，交易相对人对权利瑕疵不知情的话，交易就是有效的。在案例2中，朱某并不知道王某处分了张、李的股权，是"善意第三人"，交易有效。朱某已经合法取得公司的股权。张、李的损失只能去找王某赔偿。

当然，显名股东并不是毫无风险的。股东有按时、足额缴纳出资义务、不得抽逃出资义务等，显名股东必须督促隐名股东完成出资。如果隐名股东未履行出资义务，公司债权人有权要求显名股东按照公司章程规定的认缴出资来承担相应的责任。

风险防范第9计

1. 隐名投资行为不能违反法律强制性规定，为达到违法目的签订的隐名投资合同都是无效的。比如为了规避有限责任公司股东人数（最多50人）限制，将一部分股东出资挂在另一部分股东名下；再如有的人面临离婚财产分割时，为了减少名下财产而进行隐名投资等。

2. 当进行隐名投资时，要签订《隐名投资合同》。在合同标题、合同目的以及具体条款中对双方隐名投资关系予以明确，避免日后出现纠纷，显名方主张双方为"借贷"关系。

3. 最高院的观点要求隐名股东若想显明化，需要征得公司半数以上股东的同意。对于有的隐名股东只利用显名股东的名义，股东权仍由自己行使，公司其他股东至少半数以上知道其投资行为，也认可其股东地位的，这种隐名股东要注意保留自己行使股东权的证据，如参加股东会的会议记录及签名表等，以证明公司其他股东已默示同意其成为股东，便于请求确认股东身份、变更股东登记。

4. 隐名股东要注意监督显名股东的行为，尤其是关注显名股东名下股权变动情况。为了做好预防工作，可以在《隐名投资合同》中进行规定高额的违约金，增加显名股东违约成本。另外也可以在公司中派员监督显名股东行为。

5. 显名股东要监督隐名股东履行出资义务。

◆ 十、小股东权益

小股东，是相对于大股东来说的概念。大股东在公司决策及运营中占绝对优势，起主导作用，甚至搞"一言堂"；小股东由于股份少、表决权小，往往"位卑言轻"。

案例

A公司是一家生产电池的有限公司。甲、乙、丙三家公司是A公司股东，分别持股70%、20%、10%。按照A公司章程，董事会由9人组成，其中甲公司指派5人、乙公司指派3人、丙公司指派1人，并规定，董事会进行表决时，由5人赞成即通过。由此，A公司实际上一直处在甲公司的实际掌控之下。

后甲公司收购了B公司。B公司的业务也是生产电池。于是甲公司操纵A公司董事会，以5：4票数通过决议，使A公司以超过合理价格的金额从B公司进货，并通过A公司销售渠道销售B公司的电池。这一决议导致A公司损失大笔资金，且销售市场被B公司大幅挤压。

乙、丙公司向A公司监事会递交书面申请，请求监事会依法提起诉讼，遭拒。乙、丙公司遂向法院起诉甲公司派驻A公司的5名董事。法院判决，5人行为侵犯了A公司合法权益，给A公司造成损失，责令5人停止侵害，并对A公司进行赔偿。

公司决策要经过表决通过。谁的表决权大，谁就"说了算"。所以，除非公司章程另有规定，否则大股东的表决权必然会大于小股东；当大股东持有 1/2 以上表决权时，就可以决定公司的一般性事项；当大股东持有 2/3 以上表决权时，就几乎可以掌控公司一切事项。此时，小股东在公司中就十分被动。为了避免大股东操纵公司漠视甚至践踏小股东利益，小股东应该知道自己拥有哪些权利。

知情权

1. 股东有权亲自或委托会计师事务所、律师事务所等中介机构查阅、复制公司章程、股东名册、股东会会议记录、董事会会议决议、监事会会议决议和财务会计报告。

有限责任公司的股东、股份有限公司连续 180 以上单独或者合计持有公司 3% 以上股份的股东，可以要求查阅公司（包括公司的全资子公司）会计账簿、会计凭证。公司有合理根据认为股东查阅会计账簿、会计凭证有不正当目的，可能损害公司合法利益的，可以拒绝提供查阅，并应当自股东提出书面请求之日起 15 日内书面答复股东并说明理由。公司拒绝提供查阅的，股东可以向人民法院提起诉讼。

2. （有限责任公司）召开股东会会议，应当于会议召开 15 日前通知全体股东；但是，公司章程另有规定或者全体股东另有约定的除外。

（股份有限公司）召开股东会会议，应当将会议召开的时间、地点和审议的事项于会议召开 20 日前通知各股东；临时股东会应当于会议召开 15 日前通知各股东。

3. 知情权主要是两个方面：

（1）在小股东对公司运营情况不明，有权查阅相关文件。如果公司无正当理由进行阻止，小股东可以起诉公司，要求行使知情权。

（2）在公司未在召开股东会前履行告知义务，导致小股东缺席股东会，无法参与公司决策时，小股东可以起诉公司，主张公司股东会召开程序违法，侵犯了其知情权，请求法院撤销决议。

撤销权

股东会、董事会的会议召集程序、表决方式违反法律、行政法规或者公司章程，或者决议内容违反公司章程的，股东可以自决议作出之日起60日内、未被通知参加股东会的股东自知道或应当知道股东会决议之日起60日内，可请求人民法院撤销，但自决议作出之日起超过一年未行使撤销权的，撤销权消灭。

简言之，决议内容违法，则决议无效；决议程序违法或违反公司章程，以及决议内容违反公司章程，则决议可撤销。

股东行使撤销权有时间限制——相对60日、绝对1年。如超期未行使撤销权，则决议自始生效。此时，小股东只能通过其他途径寻求救济——如能证明决议内容违法，则可以申请法院确认该决议无效；如能证明实施该决议给公司利益或股东利益造成损害，则可以通过诉讼（下文有述）要求赔偿。

股权回购请求权

有下列情形之一的，对股东会该项决议投反对票的股东可以请求公司按照合理的价格收购其股权：

1.公司连续5年不向股东分配利润，而公司该5年连续盈利，并且符合公司法规定的分配利润条件的；

2. 公司合并、分立、转让主要财产的;

3. 公司章程规定的营业期限届满或者章程规定的其他解散事由出现,股东会会议通过决议修改章程使公司存续的。

自股东决议作出之日起60日内,股东与公司不能达成收购协议的,股东可以自股东决议作出之日起90日内向法院起诉。

另外,在有限责任公司中,还有第4种情况:

4. 控股股东滥用股东权利,严重损害公司或其他股东权益的,其他股东有权请求公司按合理价格收购其股权。

公司成立后,股东不可以任意抽资。当股东想要退出公司时,只能将股权转让出去。如果找不到受让人,股东就无法实现资本退出。但是,当发生以上情况时,股东可以通过行使"股权回购请求权"退出公司。至于股份有限公司中,如果控股股东滥用股东权利,严重损害公司或其他股东权益的,其他股东是否有权请求公司回购股权,目前在新《公司法》中没有作出明确的规定。有限责任公司由于股东之间的"人合性"较强,股权对外转让往往难度较大;股份有限公司相对而言"人合性"较弱、"资合性"较强,股权对外转让相对较容易。可能正是考虑到股份有限公司小股东可以通过转让股权实现"抽身",故没有作出相关规定。本书旨在宣传法律规定,故此处我们侧重法条介绍,不深入探讨背后法理。

诉讼权

1. 代位诉讼权:

董事、高管执行公司职务时违反法律、行政法规或者公司章程的规定,给公司造成损失情形的,有限责任公司的股东、股份有限公司连续180日以上单独或者合计持有公司1%以上股份的股东,可以书面请求监事会向向法院起诉;监事有上述情形的,前述股东可以书面请求董事会向向法院起诉。

监事会或者董事会收到前款规定的股东书面请求后拒绝提起诉讼,或者自收到请求之日起 30 日内未提起诉讼,或者情况紧急、不立即提起诉讼将会使公司利益受到难以弥补的损害的,前款规定的股东有权为了公司的利益以自己的名义直接向向法院起诉。

他人侵犯公司合法权益,给公司造成损失的,前述股东可以依照前款规定向法院起诉。

公司全资子公司的董、监、高有上述情形,或他人侵犯公司全资子公司合法权益的,前述股东有权请求全资子公司的监事会、董事会起诉,或以自己名义直接起诉。

以上几种情况下,虽然原告是股东,但判决结果由公司承担。就是说,股东如果打赢了官司,被告赔钱是赔给公司的,而不赔给股东个人。正如开篇案例中,A 公司董事会中,5 名董事作出的决议损害 A 公司利益,乙、丙代位诉讼,法院判决 5 人对 A 公司赔偿,而非对乙、丙赔偿。

2. 直接诉讼权:

(1)《公司法》规定公司股东应依法行使股东权利,不得滥用股东权利损害公司或者其他股东利益。(大)股东滥用股东权利侵害(小)股东利益、给(小)股东造成损失的,(小)股东可以起诉要求(大)股东承担赔偿责任。

(2)董事、高管违反法律、行政法规或者公司章程的规定,损害股东利益的,股东可以起诉。

注意,以上几种情况下,判决结果由股东承担。就是说,股东如果打赢了官司,被告赔钱是赔给股东的。

公司的控股股东、实际控制人指示董事、高管从事损害公司或（小）股东利益的行为的，与该董事、高管承担连带责任。我们看案例中，5名董事都是甲公司指派的，受甲公司指示作出有损于A公司的决议。乙、丙可以要求甲公司与5人承担连带赔偿责任。

解散公司请求权

公司经营管理发生严重困难，继续存续会使股东利益受到重大损失，通过其他途径不能解决的，持有公司10%以上表决权的股东，可以请求人民法院解散公司。

此条规定了公司僵局时，（小）股东请求法院解散公司的权利。这一问题比较复杂，具体请参考第十一篇：公司僵局。

风险防范第10计

1. 如小股东只关注分红而对公司经营管理不闻不问，只会使得公司成为大股东的"一言堂"，到最后大股东可能通过对公司的绝对控制，甚至侵害小股东的分红权。小股东必须增强参与意识、监督意识，一方面实现自我保护，另一方面也促进公司健康发展。

2. 利用公司章程，对出资比例达到一定高度、占绝对优势的股东所享有的表决权进行限制。如有限责任公司中某一股东出资额达到70%，那么该股东已经可以操控公司了。此时，可以利用章程改变表决制度，比如将该大股东表决权设定为一个固定值（例如45%）；或者要求股东会通过决议时必须在赞同人数上达到一定比例（例如要求必须有一半以上股东投赞成票），以此来限制大股东表决权。

3. 董事会表决实行一人一票制，但要注意避免大股东安插"影子董事"以人数优势操纵董事会。这就要求公司章程中对董事会人员确定的设计上尽量公平合理。另外，新《公司法》也规定了股东、实控人与"影子董事"的连带责任——如果股东、实控人指示董事、高管从事损害公司或股东利益的行为，则二者承担连带赔偿责任。

4. 在公司章程中完善股东、董事的表决回避制度。当提案内容涉及某股东、董事利益时，应要求该股东、董事在表决时进行回避。

◆ 十一、公司僵局

公司僵局，是指由于股东之间、董事之间矛盾尖锐、互相抵触，导致股东会、董事会等公司机关无法做出决议，公司长期无法正常经营运作，处在停滞甚至瘫痪状态，对股东利益造成巨大损失的局面。

案例

2016年，甲公司与乙公司合资组建丙公司。设立之初，双方共同参与制定了公司章程，规定公司董事会由五名董事组成，其中甲公司委派三名，乙公司委派两名，董事长及总经理由董事会选举及聘任。

丙公司组建后，甲、乙之间矛盾不断，经常在经营方针及利润分配问题上产生分歧。2019年，公司原法定代表人兼董事长任期已到，为选举新的董事长，乙公司派驻丙公司的两名董事建议召开董事会。但甲公司委派的三名董事拒不出席董事会。致使丙公司长期处于无董事长的尴尬处境，公司根本无法正常运作，公司及股东的权益遭受重大损失。2022年，乙公司诉至法院，要求解散丙公司。经调解无效，法院最终判决解散丙公司。

《公司法》及司法解释的规定

《公司法》第231条规定，公司经营管理发生严重困难，继续存续会使股东利益受到重大损失，通过其他途径不能解决的，持有公司10%以上表决权的股东，可以请求人民法院解散公司。

《公司法司法解释（二）》第1条规定：单独或者合计持有公司全部股东表决权10%以上的股东，以下列事由之一提起解散公司诉讼，并符合公司法第182条（现231条）规定的，人民法院应予受理：

1. 公司持续2年以上无法召开股东会，公司经营管理发生严重困难的；

2. 股东表决时无法达到法定或者公司章程规定的比例，持续2年以上不能做出有效的股东会决议，公司经营管理发生严重困难的；

3. 公司董事长期冲突，且无法通过股东会解决，公司经营管理发生严重困难的；

4. 经营管理发生其他严重困难，公司继续存续会使股东利益受到重大损失的情形。

我国是不鼓励解散公司的，一来不利于经济发展，二来会造成员工失业等社会问题。所以股东以知情权、利润分配请求权等权益受到损害，或者公司亏损、财产不足以偿还全部债务，以及公司被吊销企业法人营业执照未进行清算等为由，提起解散公司诉讼的，人民法院不予受理。《公司法》对"公司僵局"的认定也持十分谨慎的态度。具体来说，要从以下几方面考虑。

分 则

哪种情况才算公司僵局

1. 无法召开股东会，或股东会无法做出有效决议。要么股东根本不来参会，要么股东虽然来参会但任何提议都无法在会上通过表决获得通过。这2种情况下，股东会已形同虚设，公司如何发展、如何运转都得不到任何指引，形成僵局。这里规定了一个时间限制——连续2年。这是给了公司一个缓冲期，2年的时间给公司进行调整和"自救"。

2. 董事之间长期冲突，导致董事会无法召开或无法达成有效决议。一般情况下，董事会的矛盾可以由股东会协调或更换董事来解决。但是如果股东会亦无法解决（如开篇案例，董事矛盾是源自股东矛盾），那么董事会也形同虚设，无法指挥公司运转，导致公司机关陷入瘫痪状态，经营出现严重困难，损害股东利益。

同时，为了防止滥诉，也从反面进行了规定"股东以知情权、利润分配请求权等权益受到损害，或者公司亏损、财产不足以偿还全部债务，以及公司被吊销企业法人营业执照未进行清算等为由，提起解散公司诉讼的，人民法院不予受理"。这是因为：

1. 法律规定了股东具有知情权，同时也规定了公司连续5年盈利但不向股东分配利润时，股东可以请求公司收购其股权。所以，当股东的知情权、利润分配请求权受损时，完全可以通过诉讼途径解决问题，没有必要解散公司；

2. 公司亏损，但是仍存在扭亏为盈的可能，不能仅因暂时的亏损就解散公司，这不利于资本的稳定；

3. 公司资不抵债，如果不能清偿到期债务，将启动破产程序，没有必要进行解散公司之诉；

4. 公司被吊销营业执照，已经是公司解散的原因，没有必要再进行解散公司之诉。

"最后的手段"——除了解散公司别无他法

法院在审理请求解散公司的案件时，一定会综合考虑公司整体情况，看公司是否还有转机，是否还有正常运转的可能性。如果这个公司还"有救"，法院一般是不会判决解散公司的。

举个案例：A、B、C三个公司，各自投资1950万元、50万元、2000万元成立D公司。公司章程约定，公司成立第一年，由C公司派员担任D公司法定代表人；在此期间，A公司以2000万元的价格向D公司转让生产技术；从第二年开始，由A公司派员担任D公司法定代表人。

公司成立一年内，D公司如约向A公司支付了生产技术转让费2000万元，但A公司迟迟不将技术转让给D公司。因此，在第二年，D公司也没有如约让A公司派员担任法定代表人。A公司与C公司为此矛盾激烈，针锋相对。

2年后，A公司以D公司陷入僵局为由，向法院起诉申请解散D公司。而C公司不同意解散，坚持认为只要A公司履行义务将生产技术转让给D公司，就同意更换公司法定代表人，D公司也将扭亏为盈。

法院最终判决，驳回A公司诉讼请求。

在上面的案例中，虽然D公司已经陷入僵局，但是并不是"没救"。法院认同C公司的说法，只要A公司履行公司章程，D公司还是有希望步入正常运转轨道的。同时，A公司违约在先，而后又申请解散公司，无异于对B、C公司造成二次伤害，从公平原则考虑，A公司的诉求也很难得到法院的支持。

分 则

申请资格——持有公司 10% 以上表决权的股东

有限责任公司股东如何行使表决权，由公司章程规定，公司章程没有规定的，按出资比例行使；股份有限公司股东的表决权，按其所持股份数确定，普通股每一股有一表决权；类别股按照公司章程的规定确定表决权。

公司僵局多出现在有限责任公司中，一是因为公司股东人数较少，每个股东都有机会表达意见，意见较难统一；二是在公司设立之初，往往没有认真制定公司章程，导致后期股东相互之间矛盾意见大；三是股东退出公司的难度大。虽然法律规定了有限责任公司股东可以自由转让股权，但在现实生活中，如果其他股东不收购其股权，外人是很少有愿意出资购买其股权的。

而在股份有限公司中，股东多、表决权分散，少数意见很容易被淹没；公司章程设立谨慎、严密，纰漏较少；股权转让方便快捷，所以较少出现公司僵局。

风险防范第 11 计

1. 公司僵局一旦出现，股东、董事之间互相抵触，彼此反对对方提议，很难协商解决问题。所以"防患于未然"才是最好的方法。在公司章程中，注重设计关于股东会和董事会议事方式、表决程序及股东表决权行使的规定，通过规定股东或董事表决权限制措施，防止公司僵局的产生。

2. 在出现表决僵局时，赋予特定的"人"最终决定权。这个特定的"人"的确定方式，要在章程明确规定。（可以是董事长、最大股东、外聘专业机构、外聘顾问等。）

3. 公司僵局发生后，股东可通过收购股权、征集代理表决权、利用一致行动人协议等方式,确立和增强控制权,打破公司僵局。比如,小股东之间协议股权并购,或股权不转让但表决权合并形式,以此类方法积少成多,增强小股东表决权,打破公司僵局。(但此种方法效果有限——如在大股东拥有过半数表决权时,小股东即使联合起来也无法与大股东抗衡。)

4. 小股东应该要求在章程中规定,一旦出现公司僵局,大股东应当收购其股权。并且应该明确规定收购的具体时间节点、收购价格的确定方法等,以求在公司无法继续时得以全身而退,保障自身利益。

◆ 十二、公司法人人格否认

公司法人人格否认,也叫揭开公司面纱,是指在股东滥用公司独立人格和股东有限责任,逃避债务,严重损害公司债权人利益时,由股东对公司债务承担连带责任的制度。相当于刺穿了"公司"的壳,直接要求背后的"股东"承担责任。

新《公司法》将这一制度"发扬光大",增加了新的规定——股东利用其控制的两个以上公司的独立人格逃避债务,严重损害公司债权人利益时,各公司应当对任一公司的债务承担连带责任。这一规定,将同一股东利用多个关联公司躲避债务的行为刺穿了。

案例

北京博士伦眼睛护理产品有限公司(以下称北京公司)诉长沙市佳健眼睛有限公司(以下简称长沙公司)买卖合同纠纷案中,原告北京公司提出申请,要求追加被告长沙公司股东朱某为共同被告,对所欠债务承担连带责任。依据如下:朱某持有长沙公司

80%股份、是公司法定代表人和实际控制人。长沙公司将从北京公司购买的货物的 90% 转交给了上海佳健眼睛有限公司（以下简称上海公司）进行销售，且未收取等额价款。长沙公司只是名义上的货主，实际上是上海公司的仓库，上海公司才是直接受益人。而上海公司的股东也正是朱某夫妻两人（各持股 50%）。北京公司认为朱某以长沙公司名义购货，再将资产转移到上海公司。长沙公司实际上是一个"空壳"，不具有还债能力。

法院准许原告申请，追加朱某为共同被告。在案件审理过程中，北京公司与朱某达成了庭外和解协议，主动向法院撤回起诉。

本案发生在新《公司法》生效以前，彼时还没有关联公司之间的"人格否认"。如果这个案子放在新《公司法》实施以后，那么就可以依据这一新规定，刺穿朱某利用长沙公司、上海公司这两个关联公司转移资产，逃避履行债务的行为。

那是不是说，同一老板控制的关联公司之间，就一定会互相承担连带责任呢？

并不是！每一个公司在法律上都是一个拟制的"人"，都有独立的人格和财产。公司和股东是两个不同的主体，公司与其他关联公司也是彼此独立的不同的主体。正常情况下，这些主体之间不发生连带责任。但是，如果股东与公司、公司与关联公司之间，发生了"混同"，那么就丧失了法律上"独立人格"，则会导致连带责任。

那么，什么叫"混同"呢？

"混同"的认定

公司与股东、公司与关联公司之间出现：资产共用、业务转移、组织机构及工作人员同一、账户交叉混用、进行不公平交易、无偿扣划、转移、腾挪财产等，则很容易被认定为人格混同，可能导致连带清偿责任。

比如，张某设立A、B两个公司。A公司与甲公司的交易中违约，张某自知理亏，A公司按照合同要向甲公司支付80万元违约金。为了不被执行，张某虚构了A公司向B公司的一笔100万的债务，并据此将A公司账面资金100万转移至B公司名下，导致A公司变成"空壳"，从而损害甲公司的债权。

如果出现以上情况，那么甲公司可以请求B公司对A公司的债务承担连带责任。

但是如果A、B公司之间并非虚构债权，而是确实存在真实的债权，张某一看，A公司账上只有100万了，那肥水不流外人田，先把自己的B公司的债务还掉，这就是正当的，没有任何问题。

风险防范第 12 计

1. 设立多个公司，且由同一人担任各个公司的法定代表人时，应避免随意处置及混淆各公司财产、工作人员、债权、债务；各个公司一定要有各自的账目；尽量不要用同样的地址、电话、办公场所、信封、便签、印章等；各个公司之间如果有交易或财务往来，一定要有规范的合同、财务记录，合同要符合正当的交易规则等。否则将可能被认定为人格混同，股东要承担连带清偿责任。可以每年对各个公司进行独立审计，保留审计报告，证明各公司之间不存在财务混乱。

2. 股东要区分个人财产和公司财产。公司财产要有清晰的账目。尽量避免动用公司财产办私事，如果出现向公司借款的情况，要有规范的借款合同和记录。

3. 我国规定"谁主张,谁举证"。如果公司债权人起诉股东滥用公司独立人格和股东有限责任,那么由债权人负责举证。但是,对于"一人公司"(即股东是一个自然人或者法人),是举证责任倒置的,即意味着由一人公司的股东举证,证明自己没有滥用公司独立人格和股东有限责任。所以,一人公司的股东要尤其引起注意,公账私账要清清楚楚两条线,不要交叉混同,避免账户、财物、人员共享。

第三章　家事部分

法官处理离婚官司时,一个重要原则是"保护无过错方"。如果一方有婚外情、暴力、恶习导致离婚,在分割财产上,往往不利,更不容易得到孩子的抚养权;而一方如果在财产分割过程中隐匿、转移财产,更会因此而受到惩罚,被少分甚至不分财产。在双方均没有明显过错情况下,法官在判决时往往会遵循"照顾妇女儿童利益"原则。女方获得更多的财产及孩子抚养权的概率会比男方大。离婚诉讼导致的财产争夺会给企业家带来经济、名誉、亲情上的巨大损失及伤害。为防患于未然,企业家可以利用"婚姻财产协议"进行提前约定。

"继承"是企业家家族财富传承的重要内容。辛苦打造的财富帝国应当如何守护和传承?如何在继承人之间作出妥善安排,才能实现基业长青?这都十足考验企业家的智慧。

本章聚焦企业家家族管理,包括婚姻和继承两个部分,希望企业家在了解这些法律规定后,提早作出思考和安排。

◆ 十三、婚姻财产协议

婚姻财产协议,是指夫妻对婚姻存续期间所得的财产以及婚前财产的书面约定,对双方具有法律约束力。

案例

1999年，全球传媒帝国新闻集团的主要股东默多克与第二任妻子安娜离婚。安娜为了自己孩子的继承权放弃了能分得一半财产的权利，只接受了17亿美元。

2013年默多克与第三任妻子邓文迪离婚。该时默多克个人财产已超过130亿美元，但邓文迪离婚所得财产竟不足2000万美元。

2023年，默多克宣布又订婚了，这是他第五次订婚，当然，此时默多克的主要财富已经安排妥当，剩下的就是享受生活了。

为什么同样是离婚，邓文迪与安娜的结果竟然有如此大的差别？原来，默多克在与安娜离婚时意识到了潜在的危机，与邓文迪在"婚前婚后曾签两份财产协议"，对夫妻双方财产进行分配，使得默多克的巨额财富不会再因离婚而受损。

中国的企业家若被曝光离婚，企业股价几乎都是应声下跌，股民都很担心因企业家离婚而使公司股权处于不稳定的状态。但是，以默多克为代表的西方企业家则不同，他们提早完成个"个人"与"企业"之间的隔离，不会因为其个人原因（包括但不限于婚姻关系、健康状况、债务情况等）对企业造成影响。在默多克公布离婚当日，同时也公布了他与邓文迪签订的财产协议，新闻集团的股价不降反扬，股民们不担心离婚会对新闻集团造成任何震荡。

根据《民法典》，夫妻双方如没有约定，则一方婚前的个人财产，在婚后仍是其个人财产，不因婚姻关系而转化为夫妻共同财产；婚姻存续期间取得的财产，属于夫妻共同财产；一方个人财产在婚后产生的收益，除孳息和自然增值外，属于共同财产。

这种财产认定方式，是不利于企业家的：一是婚前个人财产举证难。除非有确凿的证据，否则推定为婚后共同财产。房、车之类有产权登记的物容易举证取得时间；但现金、存款则很难证明。二是双方对婚后收益有同等所有权。这就是说，只要是婚后取得的收益，无论是谁挣的，在离婚的时候都要一人一半。三是个人财产在婚后的收益也有极大可能成为共同财产。企业家财富增长，靠的主要是投资、经营行为，而不靠孳息或自然增值。比如企业家婚前持有股权，该股权是其个人财产，但是婚后基于该股权而获得的分红收益等，则属于共同财产。一旦企业家离婚，其耗尽一生精力建立的财富帝国，可能半壁财富江山将会拱手让人，甚至企业会因为股权分割而遭受重创，导致巨大损失。

但是《民法典》也给了夫妻双方约定的自由。夫妻双方可以通过书面形式约定婚姻关系存续期间所得的财产以及婚前财产的归属。

财产协议可以减小离婚带来的财产分割风险。夫妻双方可以作出如下约定：一是明确双方个人财产范围；二是约定婚后取得的财产归属；三是双方一旦离婚，财产分割方法。

只要财产协议是双方真实意思表示，不违反法律规定及公序良俗，基本上都会得到法庭的支持。有了协议，一是增加了离婚财产分割的"可预见性"、令双方心中有数；二是一旦离婚，可以极大提高效率，迅速定分止争。

风险防范第 13 计

1. 财产协议可以在结婚前签订，也可以在结婚后签订；可以约定之前已经产生的财产如何分配，也可以约定以后产生的财产如何分配。充分尊重双方的自主意愿。建议企业家请律师起草或者审查协议，确保协议内容合法、全面、明确、可行。

2. 财产协议最好进行公证，以增强法律效力。

3. 协议中对财产的约定要具体明确。首先约定的财产必须是夫妻一方或者双方合法拥有的财产。其次，对财产的描述要准确，以免因约定不明而无法被确认。例如房产应详细描述房屋坐落、权属证号等信息；车辆要备注品牌、型号、发动机号等；对其他有价值的动产的描述，要做到准确、有唯一的指向性，能够根据其描述特定化。

4. 约定财产分配方法时，数量及比例都要具体、明确，避免"适当数额""一定数额"等含糊字眼。

5. 协议内容必须合法，不能出现违背公序良俗的约定。比如规定"男方可以包二奶"之类的条款是无效的。

6. 要区分夫妻财产协议与忠诚协议。忠诚协议是男女双方制定的在婚姻存续期间恪守互相忠实义务，如果违反，过错方将在经济上对无过错方支付违约金、赔偿金、放弃部分或全部财产的协议。在我国司法实践中，往往不承认忠诚协议的法律效力，所以要注意避免在财产协议中掺杂感情忠诚因素，导致协议无效。

7. 要区别财产协议与离婚协议的区别。离婚协议是双方在登记离婚时对财产作出处分的协议。离婚协议以"离婚"为前提，若双方最终没有离婚，则离婚协议的内容无效。

8. 企业家在夫妻财产协议中，最好约定企业股权归一方所有，一旦离婚另一方不得主张分割企业股权，从而避免离婚对企业经营造成影响。

◆ 十四、诉讼离婚

诉讼离婚，即夫妻双方通过向法院提起诉讼的途径解除婚姻关系、分配夫妻共同财产及子女抚养权。

案例

　　王先生是某公司的全资股东，其妻李女士以王先生行为不端、与公司女下属刘某有不正当男女关系为由，向法院起诉离婚，并要求"过错方"王先生净身出户。同时，李女士提供了一段王先生与刘某在办公室行为亲昵的视频。

　　王先生辩称，自己虽行为有失检点，但与刘某并不存在不正当男女关系。同时，自己与妻子20多年的感情基础深厚，已经认识到错误并悔改，不同意离婚。

　　法庭认为，李女士提供的视频证据是偷拍所得，侵犯了王先生隐私权，来源违法，不予采信。且并无其他证据证明双方感情破裂，故驳回李女士的离婚请求。

　　离婚本就不简单，而企业家资产量大，如果身份关系再复杂一些，那离婚将难上加难。如果双方达成一纸协议能够和平分手是最好的，但是现实往往是残酷的，甚至双方对簿公堂，针锋相对互不退让。那么，如果走到诉讼的地步，法院会如何裁判呢？本篇将为您解析离婚诉讼的三大问题：

　　1. 在什么情况下会判准予离婚？
　　2. 共有财产如何分配？
　　3. 子女抚养权归谁？
　　我们先来看《民法典》的相关规定：

婚姻无效、可撤销的情形

　　男女双方亲自到婚姻登记机关申请结婚登记，符合法律规定的，予以登记并发放结婚证，确立婚姻关系。但是，法律对某些特定情况下的结婚登记持否定态度，根据情节不同，有的婚姻无效，有的婚姻可依申请撤销。具体如下：

一、婚姻无效的情形：

1. 重婚的；

2. 有禁止结婚的亲属关系的（直系亲属、三代以内旁系血亲）；

3. 未达到法定婚龄（男 22 周岁，女 20 周岁）。

二、婚姻可撤销的情形：

1. 受胁迫结婚；

2. 一方患有重大疾病，未在登记前如实告知另一方的。

受胁迫结婚，请求撤销婚姻的，应当自胁迫行为终止之日起一年内提出；被非法限制人身自由的，应自恢复人身自由之日起一年内提出。一方未履行重大疾病告知义务的，另一方自知道或应当知道撤销事由之日起 1 年内提出。

被宣告无效的婚姻、被撤销的婚姻自始不发生效力。

婚姻无效或者被撤销的，无过错方有权请求损害赔偿。

应当准予离婚的情形

有以下情形之一，调解无效的，应当准予离婚：

1. 重婚、与他人同居；

2. 实施家庭暴力，虐待、遗弃家庭成员；

3. 有赌博、吸毒等恶行屡教不改；

4. 因感情不和而分居满 2 年；

5. 一方被宣告失踪，另一方提起离婚诉讼的；

6. 经法院判决不准离婚后，双方又分居满 1 年，一方再次起诉离婚的；

7. 其他。

司法解释中确认，如果双方无法就是否生育达成一致，调解无效的可以认定为感情破裂。

如果没有以上情况，法庭是否准予离婚，就要判断夫妻双方的矛盾是否导致了感情破裂：确已破裂的准予离婚；尚未破裂的，不准离婚。在过去的司法实践中，法院为了维持婚姻家庭稳定性，没有达到法定理由的，一审一般不会判决离婚。如果一方对法院不准予离婚的判决有异议，可以上诉。但是不建议上诉，上诉会使得离婚诉讼程序更长。建议分居等待1年后再次提起离婚诉讼，这样就符合上述第6种法定情形。

男方离婚诉权的限制

为了保护女性，法律规定在以下特殊时期，男方不得起诉离婚：

1. 女方在怀孕期间；
2. 女方分娩后1年内；
3. 女方终止妊娠后6个月内。

但法院认为确有必要受理男方离婚请求的除外。比如：女方出轨、经证实孩子不是男方的、女方威胁到男方的生命安全等情况。

注意：在以上3种情况下，限制的是男方提出离婚诉讼的权利，女方在上述情况下是可以提出离婚诉讼的，双方也是可以协议离婚的。

抚养权归属

离婚后，不满2周岁的子女，以由母亲直接抚养为原则；

2-8周岁的子女，协议不成由法院按照最有利于未成年子女的原则判决；

已满8周岁的子女，应当尊重其真实意愿。

由一方直接抚养的，另一方应支付抚养费。支付抚养费的多少和期限长短，协商不成由法院判决。判决的内容不妨碍子女在必要时向父母任何一方提出超过协议或判决原定数额的合理要求。

不直接抚养子女的一方有探望子女的权利，另一方有协助义务。探望不利于子女身心健康的，由法院依法中止探望；中止事由消失的应当恢复探望。

财产分配

1. 夫妻双方有书面财产分配协议的，协议有效。对协议中没有规定，或规定不明确的部分，适用法律规定。夫妻双方对共同财产的所有权是平等的，原则上一人一半。但法院在判决财产归属时，要以照顾子女、女方和无过错方权益为原则。一方因抚养子女、照料老人、协助另一方工作等负担较多义务的，离婚时有权向另一方请求补偿。

2. 夫妻共同财产，是婚姻关系存续期间所得的下列财产：

（1）工资、奖金、劳务报酬；

（2）生产、经营、投资收益；

（3）知识产权收益；

（4）继承或赠与所得财产（但明确规定只给一方的除外）；

（5）一方个人财产在婚后产生的除孳息和自然增值外的其他收益；

（6）其他（兜底条款）。

司法解释中确认婚姻关系存续期间，双方实际取得或应当取得的住房补贴、住房公积金、基本养老金、破产安置补偿费等属于共同财产。

3. 夫妻一方的个人财产：

（1）一方婚前财产以及婚前财产在婚后的孳息或自然增值部分；

（2）一方因人身损害获得的赔偿或补偿；

（3）遗嘱或赠与合同中确定只归一方的财产；

（4）一方专用生活用品；

（5）其他（兜底条款）。

司法解释中确认，军人的伤亡保险金、伤残补助金、医药生活补助费属于个人财产。

4. 因以下原因导致离婚的，无过错方有权请求损害赔偿：

（1）重婚；

（2）与他人同居；

（3）实施家庭暴力；

（4）虐待、遗弃家庭成员；

（5）其他重大过错。

但双方均有过错，一方或双方请求赔偿的，不予支持。

5. 离婚时，一方转移、隐匿、变卖、毁损、挥霍夫妻共同财产，或伪造共同债务企图侵占另一方财产的，财产分割时对其可以少分或不分。离婚后，另一方发现上述行为的，可以起诉要求再次分割共同财产。

6. 离婚时，一方生活困难，有负担能力的另一方应当给予适当帮助。

风险防范第 14 计

1. 是否判决离婚的标准在于判断双方是否"感情确已破裂"。

在没有法定离婚理由的情况时，法庭从以下几方面进行考虑：婚前感情基础、婚后感情状况、离婚原因、有无和好可能等。所以，当事人应着重从这几方面向法庭阐述观点，提出诉求。

2. 建议企业家签订夫妻财产协议，对婚姻存续期间财产的归属，以及一旦离婚财产如何分配进行约定。具体请参阅本书第十三节"婚姻财产协议"相关内容。

3. 如果对方有法定过错，无过错方可以请求损害赔偿。但要注意：一是请求者必须是无过错方，不是要求没有任何过错，而是要求没有法定过错；二是一定要有合法、有力的证据。证据不能通过法律禁止的手段取得（如开篇的案例），不得侵害他人的合法权益（如隐私权、人身自由权等）。

4. 在离婚时发现对方财产骤减，或夫妻共同债务激增，就要警觉对方是否在转移财产。如果担心对方会转移财产，或有证据表明对方已经在转移财产，建议立即申请财产保全，以防止造成无法挽回的损失。同时保留证据，主张分割财产时对其少分或不分。

5. 重婚或者与他人同居，在现实生活中并不多见，更多的是有"第三者"的情况。但有"第三者"，并不是法定离婚理由。在法院判决时，还是要考虑双方是否"感情破裂"。法庭会更多地考虑无过错方的意见。所以，在离婚诉讼时，要尽量证明自己对造成离婚局面没有过错，争取同情，这样也更容易实现诉求。

6. 双方对子女抚养权无法协商一致，法院在判决时，往往会综合考虑哪一方对孩子的成长有利。主要包括双方的个人品质、经济条件、生活环境等。建议在向法庭陈述时，从以上几方面罗列自身优势，或指出对方的不足。孩子满8岁的，法庭会比较重视孩子的个人意愿。所以庭前要注意和孩子沟通,争取孩子的支持。

◆ 十五、非婚生子女

《民法典》中未对非婚生子女进行定义,本文中的非婚生子女采狭义解释,指有配偶者与婚外异性生育的子女。

案例1

台商张某与原配李某结婚多年无子女。2006年张某到厦门工作生活,与陆小姐生下一子小军。2012年张某回台湾期间意外死亡,留下一大笔遗产。李某做出一份公证,声称自己是张某配偶,两人无子女,同时未发现张某有非婚生子女。张某父母已故,所以李某通过公证继承了张某所有的遗产。陆小姐得知后,代小军起诉李某,要求继承张某遗产。

后法庭判决,小军有权继承张某遗产,由于无遗嘱,按照法定继承,张某遗产由李某与小军继承。

案例2

刘某婚后与情人丁某生下一女小娜。刘某配偶得知此事大闹,刘某遂保证与丁某、小娜断绝一切来往,并私下里给了丁某一笔钱作为一次性抚养费。几年后小娜要上学,丁某以抚养费用完且自己无力单独承担小娜的教育费用为由,要求刘某支付教育费,遭到拒绝。遂丁某代小娜起诉刘某。在法庭上,刘某否认与小娜有父女关系,并拒绝做亲子鉴定。丁某向法庭出示了小娜的出生证明(父亲姓名写的是刘某)、刘某给丁某的一次性抚养费的银行卡入账账单、刘某与孕期丁某的亲密合照、刘某与小娜的亲密合照等。

法庭判决，推定刘某与小娜具有亲子关系，刘某向小娜支付教育费用。

现代法治要求人"生而平等"，可是在传统观念里，非婚生子女往往受到歧视，甚至有些人还是认为非婚生子女是"非法"的，从而肆意侵犯其权利。从孩子的角度来说，这种先天的差别是不公平的。本篇将讲解非婚生子女的法律权利。

《民法典》规定非婚生子女享有与婚生子女同等的权利，任何组织或个人不得加以危害和歧视。

不直接抚养非婚生子女的生父或生母，应当负担未成年子女或者不能独立生活的成年子女的抚养费。抚养费包括子女生活费、教育费、医疗费等必要费用，一般可按其月总收入的20%—30%给付。2个以上子女的，比例可适当提高，但一般不得超过月总收入的50%。有特殊情况，可适当提高或降低。给付期限一般至子女18周岁为止。已满16周岁未满18周岁，但以其劳动收入为主要生活来源并能维持当地一般生活水平的，父母可停止给付。满18周岁，但无劳动能力、确无独立生活能力、仍在校就读的，在父母有给付能力的条件下仍应负担必要的抚养费。

关于子女抚养费的协议或判决，不妨碍子女在必要时向父母任何一方提出超过协议或判决原定数额的合理请求。就是说，由于客观需要，抚养子女的费用增加了，子女有权要求高于协议或判决确定数额的抚养费。最高人民法院也出台过法律意见：

子女要求增加抚养费有下列情形之一，父或母有给付能力的，应予支持：

(1）原定抚育费数额不足以维持当地实际生活水平的；

(2）因子女患病、上学，实际需要已超过原定数额的；

(3）有其他正当理由要求增加的。

非婚生子女与婚生子女有平等的继承权。我们来看案例1：李某是张某配偶，小军是张某儿子，两个人都是第一顺序继承人，对张某的遗产享有平等的继承权。

我们再看案例2：争议的焦点在于刘某与小娜是否存在亲子关系。亲子鉴定是快速、有效、可靠的手段。但是进行亲子鉴定需要双方自愿，不能强制进行。所以，为了避免因一方不同意做亲子鉴定而导致无法确定亲子关系是否存在，法律作出规定："当事人一方起诉请求确认亲子关系，并提供必要证据予以证明，另一方没有相反证据又拒绝做亲子鉴定的，人民法院可以推定请求确认亲子关系一方的主张成立。"丁某已经提供了必要的证据，刘某没有相反证据，又拒绝做亲子鉴定，所以法院可以推定亲子关系成立。此外，虽然刘某在与丁某断绝来往时已经支付了一次性抚养费，但小娜的抚养费已经用完，丁某无力单独承担小娜的教育费，此时刘某应该承担小娜的一部分教育费用。

风险防范第15计

1. 企业家如果有非婚生子女，那么一定要保留好亲子关系证明，最好是亲子关系鉴定书，以防将来有无法进行鉴定的客观情况发生（如意外死亡等）。

2. 非婚生子女与婚生子女享有同等的继承权。但是，亲子关系的认定往往会带来各种矛盾，甚至可能威胁到企业家的婚姻。所以，如果企业家希望自己的非婚生子女得到自己的遗产，建议不要选择确认亲子关系和法定继承的途径。企业家可以不公开亲子关系，而通过遗嘱或信托方式给孩子提供财物支持，可以避免很多麻烦。

3. 有非婚生子女，不是法院判处离婚的法定情形。但在司法实践中，有非婚生子女一方败诉的可能性很大，法院往往会支持无过错方的离婚请求以及离婚损害赔偿请求。《民法典》在离婚损害赔偿的法定情形中增加了兜底条款"其他重大过错"，一方有非婚生子女的情况应该属于有"其他重大过错"的情形。

4. 建议分期给付抚养费，而不要一次性给付。亲生父母对孩子的抚养义务不会因为一次性给付就得以免除。只要非婚生子女的生活、教育面临困难，作为"不直接抚养子女一方"的生父或者生母，就有义务支付抚养费。如果定期给付，可以间接控制抚养费的花销。

5. 夫妻一方未经对方同意，为自己的非婚生子女所支付的费用，离婚时应算作个人开销，不能用夫妻共同财产支付。已支付的，无过错方可以请求赔偿。建议企业家不要直接赠与自己的非婚生子女大额的财富，可以通过其他有偿的方式（比如聘用非婚生子女为自己工作，对其支付劳动报酬等）。但要注意报酬亦要在合理的范围内，如果是为了规避法律规定而签订的合同，是不会受到法律保护的。

◆ 十六、遗产处分——法定继承、遗嘱继承与遗赠

法定继承，在被继承人没有遗嘱或遗嘱无效的情况下，按照法律规定的继承人的范围、继承顺序、分配原则进行的遗产继承形式。

遗嘱继承，指被继承人通过立遗嘱的方式将个人财产指定由

法定继承人中的一人或数人继承。

遗赠，指被继承人通过立遗嘱的方式将个人财产赠与国家、集体或者法定继承人以外的组织、个人。

案例

2009年，十堰知名房产商申某被人杀害。在他遇害后，他的非婚生女小媛（化名）的法定代理人刘某，向法院起诉，主张小媛有权分得申某遗产。

刘某向法院提出，小媛是申某的非婚生子女，并向法院递交了 DNA 鉴定报告。报告显示小媛与申某具有亲缘关系的可能性大于 99.9999%。刘某请求确认小媛与申某的亲子关系，并行使小媛对申某遗产的继承权。

经法院查明，小媛确系申某的非婚生子女。根据相关法规，小媛享有与婚生子女同等的继承权。一审宣判，申某非婚生女儿小媛继承申某生前所持有某公司股份的 9.25%，及房产折价款 2.5 亿元。

每个人对身后财产如何分配都会有自己的意愿和打算，更何况资产雄厚的企业家，一旦涉及遗产继承，就意味着巨额财产分配。那么，法律对遗产继承是如何规定的呢？本篇将为大家介绍遗产继承的三种方式。

《民法典》规定：继承开始后，按照法定继承办理；有遗嘱的，按照遗嘱继承或遗赠办理；有遗赠抚养协议的，按照协议办理。就是说，遗赠抚养协议最优先，其次是遗嘱继承或遗赠，最后才是法定继承。这也体现了法律尊重公民对个人财产的处分权。只有在被继承人没有遗赠抚养协议、也没有立遗嘱（或所立遗嘱无效）的情况下，才适用法定继承。当然，如果被继承人对自己的一部分财产立遗嘱，那对其余没有立遗嘱的财产仍然适用法定继承。

遗赠抚养协议是指遗赠人与抚养人之间达成的协议，约定由抚养人负担遗赠人的生养死葬义务，遗赠人死后将财产赠与抚养人的协议。一般情况下企业家不会涉及遗赠抚养协议，故我们本章不对之作过多的介绍和讲解。我们将重点放在法定继承、遗嘱继承与遗赠上。

（一）法定继承

我国《民法典》对法定继承做了以下规定：

1. 继承顺序：

第一顺序：配偶、子女、父母。

第二顺序：兄弟姐妹、祖父母、外祖父母。

"子女"，包括婚生子女、非婚生子女、养子女、有扶养关系的继子女，享有平等的继承权。

"父母"，包括生父母、养父母、有扶养关系的继父母。

"兄弟姐妹"，包括同父母兄弟姐妹、同父异母或同母异父的兄弟姐妹、养兄弟姐妹、有扶养关系的继兄弟姐妹。

继承开始后，由第一顺序继承人继承，第二顺序继承人不继承。没有第一顺序继承人继承的，由第二顺序继承人继承。

养子女与生子女之间、养子女与养子女之间，系养兄弟姐妹，可以互为第二顺序继承人。被收养人与其亲兄弟姐妹之间的权利义务关系，因收养关系的成立而消除，不能互为第二顺序继承人。继兄弟姐妹之间的继承权，因继兄弟姐妹之间的扶养关系而发生。没有扶养关系的，不能互为第二顺序继承人。继兄弟姐妹之间相互继承了遗产的，不影响其继承亲兄弟姐妹的遗产。

2.代位继承：被继承人的子女先于被继承人死亡，由被继承人的子女的直系晚辈血亲代位继承。代位继承人一般只能继承被代位继承人有权继承的遗产份额。注意，代位继承人不受辈数的限制。直系晚辈血亲指子女、孙（外）子女、曾孙（外）子女等。

举例来说：张老汉有三个孩子，张甲、张乙、张丙。张甲英年早逝，留下儿子张小甲。后张老汉死亡，留下遗产100万元。那么张小甲有权代张甲之位，继承张老汉1/3的遗产。

需要说明的是，《民法典》扩大了代位继承人的范围，侄、甥也可以代位继承。"被继承人的兄弟姐妹如果先于被继承人死亡的，由被继承人的兄弟姐妹的子女代位继承。"这是符合大众期待的，亦是法律的完善和进步。

3.丧偶儿媳对公、婆，丧偶女婿对岳父、岳母，尽了主要赡养义务的，作为第一顺序继承人。对被继承人生活提供了主要经济来源，或者在劳务等方面给予了主要扶助的，应当认定其尽了主要赡养义务，无论其是否再婚，都可作为第一顺序继承人，且不影响其子女代位继承。继续用刚才张老汉的案例：

张甲英年早逝，妻子李甲对张老汉照顾有加，尽了赡养义务。后张老汉死亡留下遗产100万元，张乙、张丙主张各分50万。李甲认为自己有继承权，张小甲也有权代位继承张甲的那一份财产。第一个问题：李甲有无继承权？那么明显，有。第二个问题：李甲如果有继承权，那么张小甲还能主张代位继承吗？答案是，能。李甲成为第一顺位继承人的，不影响其子女（张小甲）的代位继承权。所以，本案中李甲、张小甲（代位）、张乙、张丙均可继承张老汉的遗产。

4.对继承人以外、依靠被继承人扶养的人，或继承人以外、对被继承人扶养较多的人，可以分给适当遗产。

5.继承份额：

同一顺序继承人的继承份额，一般应当均等。但：经协商一致，可以不均等；有特殊困难又缺乏劳动能力的，应当予以照顾；尽主要扶养义务或与被继承人共同生活的，可以多分；有能力、有条件扶养被继承人而不尽扶养义务的，应当不分或少分。

（二）遗嘱继承与遗赠

遗嘱继承与遗赠，都是按照当事人的遗嘱进行财产分配的方式。区别就是看接受财产的人是不是法定继承人——将个人财产在法定继承人之间进行分配的，叫遗嘱继承；赠送给非法定继承人的，叫遗赠。举例：老王有两儿一女，老王通过遗嘱将自己所有房子都分给女儿、所有存款给大儿子、所有股权给小儿子。三个孩子的继承方式就是遗嘱继承。若老王通过遗嘱将部分财产赠给侄女，部分财产赠给孙子，则侄女和孙子的继承方式就属于遗赠。

《民法典》规定遗嘱形式包括自书遗嘱、代书遗嘱、打印遗嘱、录音录像遗嘱、危急情况下的口头遗嘱及公证遗嘱。代书遗嘱、打印遗嘱、录音录像遗嘱、危急情况下的口头遗嘱，都必须有两名以上的见证人在场。并且见证人不能是无民事行为能力人、限制民事行为能力人，也不能是继承人、受遗赠人或与继承人、受遗赠人有利害关系的人。口头遗嘱在危急情况消除后，遗嘱人能够以书面或录音录像形式立遗嘱时失效。

一个人可以订立多份遗嘱，只要符合法律规定，遗嘱均有效。数份遗嘱之间内容相抵触的，以最后做出的遗嘱为准。需要说明的是《民法典》取消了公证遗嘱优先效力，仅以遗嘱形成的时间先后来确认以哪份为准，这更方便当事人按自己的意愿行使权利。

遗嘱应当对缺乏劳动能力又没有生活来源的继承人保留必要的遗产份额。如果遗嘱人未保留缺乏劳动能力又没有生活来源的继承人的遗产份额，遗产处理时，应当为该继承人留下必要的遗产，所剩余的部分，才可参照遗嘱确定的分配原则处理。在司法实践中主要常见于未成年人、残疾人、达到退休年龄且没有退休金的人、精神病人，继承人是否缺乏劳动能力又没有生活来源，应当按遗嘱生效时该继承人的具体情况确定。

遗嘱人立遗嘱后，实施与遗嘱内容相反的民事法律行为，视为对遗嘱相关内容的撤回。比如老王立遗嘱将房子给女儿后，又将房子过户给儿子。对遗嘱中部分内容的撤回，不影响其他未撤回部分的效力。

遗嘱继承和遗赠均可附义务，继承人或受遗赠人应当履行义务。无正当理由不履行义务的，经利害关系人或有关组织请求，法院可以取消其接受附义务部分遗产的权利。

遗嘱继承及遗赠优先于法定继承，如果既有法定继承又有遗嘱继承、遗赠的，由法定继承人负责清偿被继承人依法应当缴纳的税款和债务；如果税款和债务已经超过法定继承人获得的遗产价值，超出部分由遗嘱继承人和受遗赠人按比例用获得的遗产清偿。这个法条比较晦涩，举例子说明：老王留下100万遗产，60万债务。老王有三个儿子。正常情况下如果只有法定继承，则意味着三个儿子平分老王40万的遗产；现在发现老王有一个私生女，且老王留下遗嘱给私生女30万遗产。那么这一百万先给私生女30万，剩下70万中用60万还债，剩下10万三个儿子分；如果老王留下遗嘱给私生女50万，那么三个儿子分不到钱，私生女能分到40万。

(三)继承权与受遗赠权的丧失

继承人有以下行为的,丧失继承权:

1、故意杀害被继承人;

2、为争遗产杀害其他继承人;

3、遗弃被继承人,或虐待被继承人情节严重;

4、伪造、篡改、隐匿、销毁遗嘱情节严重;

5、以欺诈、胁迫手段迫使或妨碍被继承人设立、变更或撤回遗嘱情节严重的。

继承人有以上第3项至第5项行为,确有悔改表现并获被继承人宽恕的(有宽恕的表示,或在遗嘱中将其列为继承人的),不丧失继承权。

受遗赠人有上述情形的,丧失受遗赠权。

(四)遗产管理人制度

1. 继承开始后,遗嘱执行人为遗产管理人;没有遗嘱执行人的,继承人应当及时推选遗产管理人;继承人未推选,由继承人共同担任遗产管理人;没有继承人或继承人均放弃继承的,由被继承人生前住所地民政部门或村民委员会担任遗产管理人。对遗产管理人的确定有争议的,利害关系人可向法院申请指定遗产管理人。

2. 遗产管理人的职责包括:

(1)清理遗产并制作遗产清单;

(2)向继承人报告遗产情况;

(3)采取必要措施防止遗产毁损、灭失;

(4)处理被继承人的债权债务;

(5)按照遗嘱或者法律规定分割遗产;

（6）其他。

3. 可以在遗嘱中指定遗产管理人。

风险防范第 16 计

1. 遗嘱继承优先于法定继承。订立遗嘱可以令遗产分割遂愿，充分满足被继承人对身后财产的安排。另外，在遗嘱中可以通过遗赠的方式把财产留给法定继承人以外的人。比如对于未确认身份的非婚生子女的遗赠，可以回避掉亲子关系确认的问题。

2. 《民法典》实施以后，公证遗嘱不再优先于其他遗嘱。但是由于公证的证据效力强，公证遗嘱仍然有其独特的价值。对于条件允许的，仍然建议选择公证遗嘱。《民法典》实施以前，公证遗嘱必须经公证程序撤回或变更，《民法典》实施以后，公证遗嘱的撤回、变更变得更加简便灵活。

3. 危急情况下才能订立口头遗嘱。危急情况解除后，遗嘱人能够用书面或者录音录像形式立遗嘱的，所立的口头遗嘱失效。因此在危急情况解除后，应通过其他遗嘱形式对遗产分配进行确认。

4. 得知有继承权或有权接受遗赠后，应当积极做出接受与否的意思表示。继承人沉默不做表示的，推定为"接受继承"；受遗赠人沉默不做表示的，推定为"放弃受遗赠"。故尤其对于受遗赠人，要在得到消息之日起 60 日之内积极作出表示。如果接受遗赠，最好做出书面表示，并到公证机关公证，并将复印件寄给遗产管理人。

5. 遗产分割时，要保留胎儿的继承份额。即是说把胎儿视为"继承人"，给以继承权。如果胎儿出生后死亡，那么为胎儿留出的份额就由胎儿的法定继承人来继承；如果胎儿出生后发现是死胎，那么对预留的份额就要"还给"原被继承人,作为被继承人的遗产,按照法定继承办理。

6.遗赠不得违法或违背公序良俗。首先,遗赠不得规避法律责任和法定义务。比如不能借助遗赠转移财产、规避纳税、拒绝扶养有扶养义务的人、逃避债务等。其次,不能违反社会道德。我国司法实践中有过这样的案例:男子立下遗嘱,将个人财产赠给"二奶",由于违背公序良俗而未得到法律支持。

◆ 十七、家族信托

2018年银保监会发布的37号文件第一次以部门规章的形式对家族信托下了定义。家族信托是指信托公司接受单一个人或者家庭的委托,以家庭财富的保护、传承和管理为主要信托目的,提供财产规划、风险隔离、资产配置、子女教育、家族治理、公益(慈善)事业等定制化事务管理和金融服务的信托业务。

案例

2020年5月26日,一代"赌王"98岁高龄的何鸿燊寿终正寝了,回想十年前在他跌倒住院后,便引发了一场家族大战,亲人们为争夺家产不惜对簿公堂,闹得满城风雨。5000亿的巨额财富并没有让亲人们享受到家族的温暖和天伦之乐,反而使至亲至爱的人反目成仇,令人唏嘘。

与之相反,一手打造邵氏和TVB两大上市娱乐帝国的邵逸夫,未雨绸缪,很早就将大部分财产放入了慈善信托基金,用于支持社会的教育和科研等公益事业,以及向家庭成员支付生活费用等。

为防止前妻的四个子女与现任妻子争夺遗产，巧借"信托"避免了家人对财产的争夺，也保护了最珍贵的亲情。

信托，在国外以及我国港澳台地区都比较发达。富豪们在处理遗产时往往选择家族信托，民法典在第 1133 条，新增加了遗嘱信托制度。下面我们就来了解一下家族信托。

举个例子：企业家 A 与信托公司 B 签订信托合同，受益人是 A 的儿子 C。根据合同约定，A 去世之后，将 A 的企业股份及所有财产成立信托，B 负责运作企业，并用信托财产进行投资，所有财产的收益归 C 所有，由 B 按 10 万元 / 月支付给 C，期限 20 年，20 年后信托终止，届时所有信托财产归 C 所有。

这就是一个信托合同。有三个当事人：委托人 A、受托人 B、受益人 C。A 负责提供信托财产，B 负责按合同要求管理、运作信托财产，而 C 是信托财产的受益人。

家族信托的优势

1. 受益人范围广。我们前面讲过了法定继承人的范围，第一顺位配偶、父母、子女。第二顺位兄弟姐妹，祖父母，外祖父母。而家族信托的受益人范围更广，只要是家族成员都可以纳入受益人。

3. 可避免一次性给付。财产继承是继承人一次性拿到全部继承财产，企业家的遗产往往数额巨大，在发生继承时是一大笔财富的传承。而对于年轻的子女来说，一下获得巨额财富，未必是好事，可能产生挥霍、躺平，也可能因为掌控财富能力欠缺而被骗，或投资失败。还记得沈殿霞吗？沈殿霞在女儿郑欣宜 20 岁的时候查出癌症，自知不久于人世，于是将自己的主要财产（将近 6000 万港币）为女儿设立家族信托，要求信托公司每个月只给女儿 2 万港币生活费,其他财产等女儿年满35周岁时再一次性给付。沈殿霞离开后不久,年轻的郑欣宜就把母亲留下的豪宅低价卖掉,据说因为有挥霍的恶习,花钱毫无节制,导致自己经常过着拮据的生活。在郑欣宜满35岁时,信托到期,信托公司将信托财产全部给付郑欣宜。如果没有家族信托,沈殿霞留下的钱可能早就被挥霍一空。

4.激励机制树家风。委托人可以通过家族信托,个性化制定受益人的受益条件。比如可以约定固定按期给付(如按月/年给付、等受益人年满一定年岁时给付)、非固定满足一定条件时给付(如设立激励机制,受益人达到激励标准即可给付)、发生特殊需求时给付(如当患病有就医需求、有受教育求学需求、有创业启动资金需求等),也可约定在某些情况下停止向受益人进行给付(如设立惩罚机制,当受益人有违法、犯罪行为或吸毒、赌博等恶习时停止给付)。委托人可以通过设立正、反受益条件,来激励、引导受益人积极向上树立良好家风。

5.信托财产可投资。信托资产可以根据委托人的意愿及指示进行投资。委托人可以指定投资渠道或理财产品,亦可以委托信托公司或其他专业化团队对信托财产进行管理、投资。信托资产通过投资理财,可以实现保值、增值。

6.信托资产实现安全隔离。信托一旦设立,信托财产就不再是委托人的财产了,它同时也不是信托公司的财产,也不是受益人的财产,而是一个特殊的中间地带。即使作为委托人的企业家日后发生债务,甚至面临被强制执行,信托财产也不会受到影响,因为信托财产已经不再属于委托人,不会被作为执行财产。

家族信托的劣势

1.门槛高。家族信托的起点是1000万,这是一笔不小的金额。

2. 占用资金。企业家最重要的就是现金流。要把这么大一笔钱一次性转移给信托机构，并且一放就是几年甚至几十年，确实影响了企业家的现金流。

3. 家族信托的设立审核严格。委托人必须用其合法财产设立家族信托，意味着在家族信托设立时，企业家的信托财产必须是其个人所有的合法财产。如果企业家资不抵债，则不可设立信托。信托机构会对委托人的资产负债情况进行严格的审核。这也是因为信托一旦设立，信托财产就有独立性，不得用于偿还委托的个人债务。加入企业家用虚假的资产负债表，在资不抵债的情况下设立了家族信托，当债权人发现时，可以请求撤销已设立的家族信托，家族信托一旦被撤销，那么信托财产重新回到委托人名下，可以用于委托人债务的清偿。

新型信托——保险金信托

为了解决家族信托门槛高、占用资金的问题，有一种新型信托形式——保险金信托，就是用大额保单作为信托财产。保险金信托将保险和信托的优势相结合，发挥保险的杠杆作用，实现用相对少量投入建立起家族信托的目的。

《信托法》的有关规定

1. 设立信托，必须采取书面形式。

应载明下列事项：合法的信托目的；确定的信托财产；委托人、受托人的姓名或名称、住所；受益人或受益人范围（多用于公益信托）；受益人取得信托利益的形式和方法等。此外，可以载明信托期限、信托财产管理办法、受托人报酬、新受托人选任方式、信托终止事由等。

2. 以下情况信托无效：

（1）目的违法或损害社会公益；

（2）信托财产不确定；

（3）信托财产为非法所得（预防"洗黑钱"），或信托财产依法不得设立信托；

（4）专以诉讼或逃债目的设立信托；

（5）受益人或受益人范围不确定等。

3. 委托人的撤销权和解任权：

受托人违反信托目的、违背管理职责、处理事务不当等造成信托财产损失的，委托人有权申请人民法院撤销该处分行为，并要求受托人恢复信托财产原状或者予以赔偿；受托人明知是违反信托目的而接受财产的，应当返还或予以赔偿。注意，该权利1年内不行使就归于消灭。

受托人违反信托目的、管理运用、处分信托财产有重大过失的，委托人可根据信托文件规定或申请人民法院解任受托人。

4. 受益人双重身份：

委托人同时可以是受益人，也可以是同一信托的唯一受益人；受托人可以是受益人，但不得是同一信托的唯一受益人（如果受托人和受益人是同一人，那么信托就失去存在的必要了）。

5. 变更受益人或受益权：

有下列情况委托人可以变更受益人或处分受益人的信托受益权：

（1）受益人对委托人有重大侵权行为；

（2）受益人对其他共同受益人有重大侵权行为；

（3）受益人同意；

（4）信托规定的其他情形。

其中，1、3、4情形下，委托人可以解除信托。

风险防范第 17 计

1. 法律上对设立信托的数量没有限制，企业家可以根据需要设定多份信托。尤其是在做出重大经济决定或变更婚姻状况决定之前，建议考虑设立信托规避风险。比如，企业家在打算用全部家产投资一个高风险高回报的项目之前，应该先预留一笔钱设定信托，受益人是自己以及家人，信托目的是支付自己和家人的生活费用，并且规定此受益权不得转让或用于清偿债务。再如，企业家在决定结婚前，可以考虑设立信托，并规定信托的受益人为自己，并作出明确规定，通过受益权取得的财产，不得作为夫妻共同财产。并且，在企业家离婚但双方对财产分割无法达成协议时，也可以考虑将有争议的部分财产设立信托，将受益人设定为子女，从而更容易被双方接受。

2. 建议企业家在和信托公司签订信托合同时，多为自己争取权利，比如为自己设定变更财产管理方式权、变更受益人（或受益权）的权利等。尽量利用好《信托法》给予的自主决定权，请专业律师帮助设计信托合同。

3. 在明确信托目的时，要尽量准确。在判断信托公司对信托财产处分行为是否具有合法性、决定是否解任受托人、信托存在是否合法、是否需要终止信托等情况时，往往都要以"是否符合信托目的"作为考虑标准。

4. 受益人的受益权可以转让、继承、用于清偿债务。但是信托文件可以对受益权进行限制。建议作为委托人的企业家对信托受益权进行限制，专款专用，这样才能真正实现信托目的。

比如，信托目的是经济支持受益人读书，信托文件也明文规定"受益权不得转让或用于清偿债务,只能用于支付教育费用"。即使后来受益人一无所有,债权人也不能申请强制执行受益人的受益权。

再如,企业家 A 将财产设立信托,按月为嗜赌成性的儿子 B 支付生活费用,信托文件明文规定受益权不得转让。那么,B 就无法将受益权转卖,B 只能每月收到信托规定数量的生活费用,从而钳制 B 的赌博行为。

5. 信托是建立在"信任"的基础上的,受托人有比较大的自主权,委托人不能随意行使撤销权和解任权。但是,如果信托文件中明确规定了委托人可以根据需要调整受托人的财产管理方式,就更有利于委托人实现信托意愿。

6. 在遗嘱信托中一定要注意,遗嘱信托如果没有得到受托人的承诺,是不生效的。一旦受托人拒绝或无法承诺,那么只能由受益人或其监护人来选任新受托人(因为委托人已经死亡)。如果委托人担心受益人在选任新受托人时难以达成共识,或者担心受益人挥霍家产,不想由其指定"傀儡"型新受托人,那么一定要在遗嘱信托中明确对新受托人的选定方式。

7. 如果委托人欠债无力偿还在先,设立信托在后,就明显是逃避债务行为,是对债权人的侵权行为。所以,债权人有权在知道或应当知道权利被侵害之日起 1 年之内,申请法院撤销该信托。债权人撤销信托的,不影响善意受益人已取得的信托利益。

所以,债权人一旦发现债务人有设立信托的行为,应该马上警觉自己的债权是否遭到侵害。如果遭到侵害,要尽快(1 年之内)向法院申请撤销该信托。同时,要及时通知受益人,防止受益人以"善意"为由取得信托财产。"通知"行为一定要保留证据,最好采用登报公示等法律效力强的方式。

8.放眼全球,很多国家采取遗产税,且遗产税税率普遍都是很高的。我国也有采纳遗产税的可能。由于信托财产不属于遗产,因此受益人取得信托受益,就避免了高额的遗产税。家族信托可以很好地避免遗产税风险。

◆ 十八、夫妻共同债务

夫妻共同债务,指为满足夫妻共同生活需要所负的债务,应当由夫妻共同偿还。

案例1:

王某和妻子孙某感情不和,有离婚的打算。但出于慎重考虑,两人决定先"试离婚"2年——分居,双方互不联系。试离婚期间,孙某由于忽然身患重病,借款5万元进行医治,后治愈。2年"试离婚"期满后,二人正式离婚。孙某无法按期归还5万元借款,债权人遂找到王某要求还款,王某拒绝。债权人诉至法院要求孙某、王某共同还款,得到了法院的支持。

案例2:

明星赵某与企业家刘某结婚。考虑到刘某生意大起大落有风险,两人签订协议约定了分别财产制。后刘某生意受到重创,并以个人名义向朋友邓某借款1000万元,并声称一旦无力归还可以以现居别墅抵债。后刘某再次亏损,无法偿还欠款,邓某要求刘某将别墅抵债。此时赵某拿出证据证明该别墅系赵某以个人演出费购买,属于赵某个人财产。经查,赵某曾将与刘某实行分别财产制一事告知邓某，邓某在知情的情况下仍然出借资金，故邓某的要求无法得到支持。

处于创业阶段的企业家往往在经济上会有起伏，当处于低谷期的企业家面临婚姻的变故时，关于"债务"，在夫妻之间应如何分担呢？

夫妻共同债务的认定

《民法典》规定，夫妻共同签名或者夫妻一方事后追认等基于共同意思表示所负的债务，以及夫妻一方在婚姻关系存续期间以个人名义为家庭日常生活需要所负的债务，属于夫妻共同债务。夫妻一方在婚姻存续期间以个人名义超出家庭日常生活需要所负的债务，不属于夫妻共同债务；但是债权人能够证明该债务用于夫妻共同生活、共同生产经营或基于夫妻双方共同意思表示的除外。

"夫妻共同签名或者夫妻一方事后追认"，即夫妻双方均已作出表示认可该债务，一般在认定上比较简单。但何为"家庭共同生活需要"法律并没有予以明确。根据最高人民法院的司法解释及司法实践，我们认为可以认定为基于"家庭共同生活需要"产生的债务包括以下几个方面：

1. 因购置日常生活用品、家庭衣食住行、文娱医疗等消费开支所负的债务；

2. 因一方或双方生产经营活动所负的债务；

3. 夫妻一方或双方治疗疾病所负的债务；

4. 因抚养子女、赡养有赡养义务的老人所负的债务；

5. 一方婚前所负、但用于婚后家庭共同生活的债务；

6. 其他（如因继承共同财产而承担的共同债务）

夫妻一方与第三人串通虚构债务，第三人主张该债务为夫妻共同债务的，人民法院不予支持。夫妻一方在从事赌博、吸毒等违法犯罪活动中所负债务，第三人主张该债务为夫妻共同债务的，人民法院不予支持。

夫或妻一方的个人债务包括以下几个方面：

1. 一方未经对方同意，擅自资助与其没有抚养义务的亲朋好友所负的债务；

2. 一方未经对方同意，独自筹资从事经营活动，其收入确未用于共同生活所负的债务；

3. 一方已明确与债权人约定属于个人债务的债务；

4. 分别财产制的夫妻一方对外负债的，债权人知道该约定的（案例2的情况）；

5. 其他应由个人承担的债务（如一方因犯罪、侵权、吸毒、酗酒、包养情人等导致的不合理开支）。这里要注意"侵权行为"，侵权行为分为很多种，如果是打架斗殴等侵权，一般会认定为个人债务；如果是基于夫妻共同生活而产生的侵权，则更倾向于认定为共同债务，其核心要看侵权行为发生的基础事实。举个例子：张三在上班途中发生交通事故撞伤李四，负全责，但张三没有履行赔偿义务。那么李四能否要求张三配偶对上述债务承担清偿责任？北京市第一中级人民法院（2020）京01民终3001号判决书在这个问题上进行了回答。法院认为，该侵权行为是在张三上班途中发生，而该侵权行为系因家庭劳动、生产经营等家事活动而产生，其收益亦归家庭使用，故认定了该债务属于夫妻共同债务，支持了李四的诉讼请求。

夫妻共同债务的清偿

离婚时,夫妻共同债务应当共同偿还。共同财产不足清偿或财产归各自所有的,由双方协议清偿;协议不成时,由人民法院判决。

如果夫妻之间约定了债务由一方承担,或约定了双方的承担比例,该约定属夫妻间内部约定,只对夫妻双方生效,无法对抗债权人——债权人仍有权向任何一方要求偿还。在一方偿还后,可以就超出其约定应承担的部分向另一方追偿。

现在我们看开篇两则案例:

案例1中,虽然二人"试离婚",但尚未真正离婚,二人仍是夫妻关系,互负扶养义务。所以妻子生病,丈夫有义务扶养。妻子因治病所负债务,属于夫妻共同债务。

案例2中,刘某与赵某实行分别财产制,且在邓某对此知情,所以刘某对邓某的债务系其个人债务。在分别财产制下,赵某用演出费购买的别墅属其个人财产,刘某无权用赵某的别墅抵债。邓某没有搞清楚别墅的所有权,就贸然相信刘某,最终蒙受损失。

风险防范第18计

1. 借款给他人,应当尽量要求其配偶共同签字确认。

2. 借款给他人,在合同中应注明借款用途,尽量细化。例如用于"购置房屋""为某某看病治疗""某某公司资金周转"等,并收集借款方资金使用的相关凭证。

3. "借钱结婚"这种情况,虽然债务发生在婚姻关系成立前,但由于借款被用于婚后生活比如购置婚房、装修婚房、购置结婚用品等,仍属于夫妻共同债务,但是要注意,债权人应当在借款合同中对借款用途予以明确,注意搜集相关凭证。

4. 夫妻一方"借钱创业",另一方反对且不愿承担债务风险,可以要求借钱一方做好账目,明确企业收支资金的来源、去向,从而证明"创业"资金与家庭生活资金相互独立、互不影响。如果家庭因企业盈利而获益(比如有证据证明企业盈利资金贴补了家庭开销),那么家庭财产就要对该笔债务承担还款责任。

5. 婚姻中一方因不合理开支、犯罪行为、侵权行为造成的负债,另一方应注意收集保留证据,证明负债系其个人债务。

第四章　人事部分

健康的企业-职工的关系，是互利共生的。但是，当企业和职工产生利益冲突时，双方就可能站到对立面，甚至出现互相攻击的局面。在我国的司法环境中，企业与职工发生劳动纠纷，职工是受到倾斜性保护的，这是我们社会主义国家的性质决定的。所以企业家一定要具备基本的劳动领域法律知识，这对企业来说是一种自我保护。

近些年，劳动者申请的的劳动仲裁案件、诉讼案件数量比之前有大幅的提升，申请人的年龄也逐渐走低。网友在网络上调侃"00后是来整顿职场的"，这体现了社会的现状——90后、00后的孩子们开始走向职场，与上一代人有着明显的不同，更加注重自我价值，善于利用法律武器维护自身权益。那么现在的企业家就更要意识到守法用工的重要性，避免被"整顿"。当然，除了勇于维护自己正当权益的职工之外，不乏一些投机取巧之人，故意钻企业管理漏洞、利用法律对用工单位"敲竹杠"。也正是因此，企业家必须引起足够重视，一定要在用工上做到知法守法、杜绝漏洞，规范雇佣关系，否则将可能面临大笔经济赔偿及行政处罚。

说到劳动领域的法律，主要是《劳动合同法》《劳动法》及相关的司法解释。法律规定了大量劳动者的权利以及用人单位的义务，并且在处理劳动纠纷中设定了很多举证责任倒置。劳动者只需提供初步证据、提出诉讼主张，剩下的则由用人单位来证明自己的用工行为符合法律规定。最高院司法解释规定"因用人单位作出的开除、除名、辞退、解除劳动合同、减少劳动报酬、计算劳动者工作年限等决定而发生劳动争议的，由用人单位负举证责任"。《劳动争议案件办案规则》中也规定"与争议事项有关的证据属于用人单位掌握管理的，用人单位应当提供"。企业家要注意保留职工档案，做好风险防范。

◆ 十九、劳动合同

劳动合同，是指劳动者与用工单位之间确立劳动关系，明确双方权利和义务的协议。

案例

张某是某酒店保安，双方签订的劳动合同期限为2007年7月3日至2008年7月2日。

2008年，张某的劳动合同期满后，双方一直未签订劳动合同，但张某仍在酒店工作，酒店仍按原劳动合同约定支付劳动报酬。

2009年8月4日，酒店发现张某的劳动合同早已到期，马上书面通知张某续签2年期劳动合同，张某随即回复酒店要求签订无固定期限劳动合同。

2009年8月25日，酒店书面拒绝张某提出签订无固定期限劳动合同的请求，并告知张某若未及时与酒店签订2年期劳动合同，酒店将在一个月后解除劳动关系。

2009年9月25日，酒店单方面解除张某的劳动合同关系。

张某不服，于2009年11月1日向劳动仲裁部门申请仲裁。仲裁庭支持了张某的仲裁请求：1.恢复劳动关系；2.签订无固定期限劳动合同；3.酒店支付2008年8月4日至2009年7月3日未签订劳动合同的 2 倍工资。

有些企业招聘员工贪图省事,和员工口头约定好上下班时间和工资待遇之后直接叫员工上岗,根本没有考虑过要签劳动合同;有些企业以为"一劳永逸",签完一次合同就置之不理了,有的员工合同已经到期了还没有补签新合同还一直继续用人;还有些企业随意开除员工,单方解除劳动合同。殊不知,这些行为都是违法的,而且这些行为就像是随时可能爆炸的炸弹,有着重大的隐患!本篇我们就来讲解法律关于"劳动合同"的规定。

不与劳动者签劳动合同的风险

用人单位自用工之日起,即与劳动者建立劳动关系,应当自用工之日起 1 个月内订立书面劳动合同。超过 1 个月未满 1 年未订立的,向劳动者每月支付 2 倍工资;超过 1 年未订立,视为双方已订立无固定期限劳动合同,并且应当立即与劳动者补订书面劳动合同。

用人单位应当提出订立无固定期限合同的情况

1. 劳动者连续工作满 10 年;

2. 用人单位初次实行劳动合同制度或者国有企业改制重新订立劳动合同时,劳动者在该用人单位连续工作满 10 年且距法定退休年龄不足 10 年;

3. 连续订立 2 次固定期限劳动合同,且不存在用人单位可以解除劳动合同的法定情形和提前通知解除劳动合同的情形,续订劳动合同的。

用人单位应当订立而未订立无固定期限劳动合同的,自应当订立之日起,向劳动者每月支付2倍工资。但劳动者提出签订固定期限合同的除外。

用人单位可以单方解除劳动合同的法定情形

劳动者有以下情形,用人单位可以解除劳动合同:

1. 在试用期被证明不符合录用条件;

2. 严重违反用人单位的规章制度的【注意:规章制度必须通过合法程序制定并已对劳动者进行过公示或告知】;

3. 严重失职、营私舞弊,给用人单位造成重大损害的;

4. 同时与其他用人单位建立劳动关系,对完成本单位工作造成严重影响,或经用人单位提出拒不改正;

4. 劳动者通过欺诈、胁迫、乘人之危,使用人单位在违背真实意思的情况下订立或者变更劳动合同,致使劳动合同无效的;

5. 被追究刑事责任等。

用人单位可以提前通知解除合同的情形

有下列情形,用人单位提前30日以书面形式通知劳动者,或额外支付一个月工资后,可解除劳动合同:

1. 劳动者患病或非因公负伤,医疗期满后不能从事原工作,也不能从事另行安排的工作;

2. 劳动者不能胜任工作,经过培训或调整岗位,仍不能胜任工作;

3. 订合同所依据的客观情况有重大变化,合同无法继续履行,协商变更合同无果的。

用人单位不得解除劳动合同的情形

劳动者有以下情形,用人单位不能提前通知解除合同或通过经济性裁员解除合同：

1. 从事职业病危害作业的劳动者未进行离岗前职业健康检查，或疑似职业病且在诊断期或医学观察期的；

2. 在本单位患职业病，或工伤被确认丧失或部分丧失劳动能力；

3. 患病或非工伤，在医疗期内；

4. 女职工孕期、产期、哺乳期；

5. 在本单位连续工作满15年，距法定退休年龄不足5年的。

现在我们来分析一下开篇的案例：

张某2008年7月2日，劳动合同到期。

2001年，最高人民法院在《关于审理劳动争议案件适用法律若干问题的解释》中规定，劳动合同期满后，劳动者仍在原用人单位工作，原用人单位未表示异议的，视为双方同意以原条件继续履行劳动合同。

从2008年7月3日起，劳动者和用人单位之间存在的是一种事实的劳动关系，但没有订立书面合同。依照劳动合同法，酒店从2008年8月4日（一个月之后）至2009年7月3日，要支付张某2倍工资。

到2009年7月4日，双方未订立书面劳动合同超过1年，视为已订立无固定期限合同。

张某的情况（因要求订立无固定期限合同而不续签2年期限劳动合同）不符合法律规定的用人单位可以解除劳动合同的情形，所以酒店不可以单方面解除劳动关系。

风险防范第19计

1. 从劳动者到公司上班开始计算，1个月内必须签订书面的劳动合同,以避免支付2倍工资。

2.如果劳动者拖延或拒签劳动合同,建议用人单位及时取证并坚决不予留用该劳动者。因为在司法实践中,即便是劳动者一方原因导致未订立劳动合同,用人单位仍然需要承担支付2倍工资的不利后果。

3.要注意公司所有劳动合同的保存与定期审查,发现到期要及时进行处理。

4.注意试用期问题。劳动合同法对试用期有严格的规定:劳动合同期限在3个月至1年的,试用期不超过1个月;1年至3年的,试用期不超过2个月;三年以上或无固定期限合同,试用期不超过6个月。以完成一定工作任务为期限的劳动合同,或劳动合同期限不满3个月的,不得约定试用期。

同一用人单位,对同一劳动者,只能约定1次试用期。劳动合同仅约定试用期的,试用期不成立,该期限为劳动合同期限。在约定试用期时,一定要向劳动者说清楚考核标准,将"丑话说在前头",提早告知劳动者哪些情况下会被认定为不符合录用标准,而且如果试用期内劳动者有被证明不符合录用标准的情况,企业要注意取证,并及时通知劳动者。试用期到期,企业仅以"不符合录用条件"为理由不录用劳动者,又提不出正当理由或相关证据的,要承担"违法解除"的法律后果。

6.企业与劳动者解除或终止劳动合同前,要进行合规审查,确保行为的合法性,否则可能面临高额的赔偿金(赔偿金=合同终止前12个月的平均工资×在本公司工作年限×2倍)。企业开除员工,通常因为员工违反了企业的规章制度,企业想依据《劳动合同法》第39条第(二)项单方解除劳动合同,且不支付补偿或赔偿。但是,要注意两点:第一规章制度一定是经过合法程序制定并向全体员工公示或告知的；第二员工必须是"严重违反"规章制度，轻微错误不适用。这里建议企业向员工引发企业规章制度手册、员工手册，并在手册中明确规定哪些行为是"严重违反规章制度"的行为，并注明法律后果即公司将依法单方解除劳动合同。同时将重点内容在企业公共区域公示，可以将相关内容摘录打印贴挂在办公区域等。

7. 建议企业完善打卡或签到程序，保留员工打卡或签到记录备查。离职员工的相关记录要保留2年备查。

◆ 二十、劳动者权益

劳动者权益，是指劳动者作为劳动关系的一方所享有的权益，包括平等就业权、自主择业权、休息休假权、劳动报酬请求权、享受社会保险的权利、提请劳动争议处理的权利以及法律规定的其他劳动权利等。

案例

张某（女）自2009年3月开始在A公司工作，每天工作10个小时。劳动合同中约定张某每个星期有一天休息，但公司一直以工作较忙为理由，强制张某在休息日加班，并给张某一天的工资作为加班补助。2013年6月，张某母亲去世，张某请年休假3天回老家办丧事，当月，A公司扣除了张某3天的工资，并取消了当月张某的全勤奖。张某不服，提出劳动仲裁申请，要求A公司支付扣除的3天工资和全勤奖，并要求公司支付张某4年来的加班加点工资和3年未休带薪年休假的补偿款。仲裁机构做出裁决支持张某的诉求。

用人单位如果违反法律规定,侵犯劳动者权益,可能面临着对劳动者进行经济赔偿,甚至受到劳动行政部门罚款、工商行政管理部门吊销营业执照,触犯到刑法的,还有可能面临着刑事处罚。比如,用人单位随意要求职工加班(即在公休或法定休假日上班)、加点(即延长劳动者日工时),而没有足额支付加班加点工资,就有可能被劳动行政部门警告、罚款,并责令向劳动者支付赔偿金。有时候,公司在不知不觉中已经侵犯了职工的合法权益。比如前几天我有一个朋友,说清明节放假1天,打算带着公司的员工出去玩一下,搞团建。我马上阻止了他,告诉他如果要搞团建不要放在节假日,就算你是好心带员工出去玩,也要避免在法定节假日或者周末安排团建,因为这很有可能会被认定为"强制加班"。我的企业家朋友大呼"岂有此理",可是司法实践就是如此,占用节假日安排公司活动,就极有可能被认定为"加班",清明节属于法定节假日,要支付3倍工资。我的企业家朋友听了我的建议,立即要求公司人事将团建活动改期进行。

所以,企业家了解并保护劳动者合法权益,对一个企业的正常运作和健康发展是十分必要的。那么企业家应当知道的劳动者的合法权益有:

平等就业权

劳动者就业,不因民族、种族、性别、宗教信仰不同而受歧视;妇女与男子享有平等的就业权利。在录用职工时,除国家规定的不适合妇女的工种或岗位外,不得以性别为由拒绝录用妇女或提高对妇女的录用标准。

休息休假权

1. 工时制度

劳动者每天工作时间不超过 8 小时；平均每周不超过 40 小时。《劳动法》规定的工时制度是平均每周工作时间不超过 44 小时，但《国务院关于职工工作时间的规定》中规定"职工每日工作 8 小时、每周工作 40 小时"。在实践中，一般采纳后者，即"每周工作时间不超过 40 小时"标准。

2. 公休

劳动者每周至少休息 1 日。

3. 法定休假日

法定休假日应当安排劳动者休假，包括：元旦 1 天、春节 3 天、劳动节 1 天、国庆节 3 天、清明节 1 天、端午节 1 天和中秋节 1 天。

4. "加点"的限制

用人单位与工会或劳动者协商后可延长工作时间，一般每天不超过 1 小时；特殊原因需延长的，在保障劳动者健康的情况下每天不超过 3 小时，但是每月不超过 36 小时。

下列情形除外：

（1）发生自然灾害、事故，或其他原因威胁劳动者生命健康或财产安全，需要紧急处理的；

（2）生产设备、交通运输线路、公共设施发生故障，影响生产和公共利益，必须及时抢修的；

（3）其他法律法规规定的情形。

但怀孕 7 个月以上女职工、哺乳期女职工，不得安排其加班加点或夜班劳动。

5. 年休假

（1）劳动者连续工作 1 年以上的（不局限于本单位），享受带薪年休假。

（2）工作 1 年以上不足 10 年的，年休假 5 天；工作 10 年以上不足 20 年的，年休假 10 天；满 20 年的，年休假 15 天。

（3）年休假不包含公休和法定休假日。

（4）单位确因工作需要不能安排职工休年休假，经职工本人同意，可以不安排休年休假，但应当按照该职工日工资收入的 300% 支付年休假工资报酬。

但是，职工有下列情形的，不享受当年年休假：

（1）职工依法享受寒暑假，其休假天数多于年休假天数的；

（2）职工请事假累计 20 天以上，且单位按照规定未扣工资的；

（3）累计工作满 1 年不满 10 年职工，请病假累计 2 个月以上的；累计工作满 10 年不满 20 年职工，请病假累计 3 个月以上的；累计工作满 20 年职工，请病假累计 4 个月以上的。

6. 婚假

（1）按法定结婚年龄（女 20 周岁，男 22 周岁）结婚的，可享受带薪婚假（3 天，各地婚假天数遵循当地政策）。

（2）婚假包含公休假和法定休假。

（3）再婚的享受婚假。

7. 产假

（1）女职工生育享受产假（产假 98 天；各地还可规定生育假，具体天数遵循当地政策）。其中产前可以休假 15 天；难产的，增加 15 天；多胞胎的，每多一个婴儿，增加 15 天。

（2）怀孕 4 个月以下流产的，享受 15 天产假；4 个月以上的，享受 42 天产假。

（3）各地规定了男方陪产假（7-30 天不等，具体天数遵循当地政策。）

8. 哺乳假

女职工在子女出生后 1 年内,每天可享受在工作时间内 2 次 0.5 小时的哺乳时间。女职工生育多胞胎的,每多哺乳 1 个婴儿,每天增加 1 小时哺乳时间。

9. 丧假、探亲假、育儿假

具体参照各省或直辖市的相关规定。

10. 医疗期

劳动者因患病或非因工负伤,需要停止工作进行医疗时,根据本人实际参加工作年限和在本单位工作年限,给予 3～24 个月的医疗期,医疗期内,用人单位不得解除劳动合同。医疗期内劳动者的工资待遇比较复杂,各地政策不同,企业家可参照本地标准了解相关政策,此处不做赘述。

劳动报酬请求权

1. 用人单位不得克扣、无故拖欠工资。用人单位拖欠劳动者工资的,将被劳动行政部门责令限期支付。逾期不支付,责令用人单位按照应付金额 50%-100% 标准向劳动者加付赔偿金,用人单位同时面临着 2000-20000 元罚款,情节严重的,还可能涉嫌拒不支付劳动报酬罪,面临刑事处罚。

2. 加班加点工资

(1) 每小时加点工资:不低于每小时工资的 150%;

(2) 每一日休息日加班(不补休)工资:不低于日平均工资的 200%;

(3) 每一日法定休假日加班工资:不低于日平均工资的 300%。

3. 年休假工资

(1) 经劳动者本人同意,可以不安排劳动者休年休假。但需支付年休假工资。

（2）每一日年休假工资：日平均工资的300%。

（3）用人单位安排劳动者休年休假，但是劳动者因本人原因且书面提出不休年休假的，用人单位可以不支付3倍工资。

4.劳动者法定休假日、婚丧假、依法参加社会活动期间，用人单位应当支付工资。

享受社会保险的权利

1.用人单位应当为劳动者购买社会保险，包括：养老保险、医疗保险、工伤保险、失业保险、生育保险。用人单位未依法为劳动者缴纳社会保险费的，劳动者可以解除合同，并要求用人单位支付经济补偿金。

2.养老、医疗和失业保险，由企业和个人共同缴纳保费；工伤和生育保险由企业承担保费，个人不需缴纳。

解除劳动合同的权利

1.【劳动者可以解除劳动合同的法定情形】用人单位有下列情形之一，劳动者可以解除合同：

（1）未按劳动合同约定提供劳动保护或者劳动条件的；

（2）未及时、足额支付劳动报酬的；

（3）未依法为劳动者缴纳社会保险费的；

（4）用人单位的规章制度违反法律、法规的规定，损害劳动者权益的；

（5）用人单位通过欺诈、胁迫、乘人之危，使劳动者在违背真实意思的情况下订立或者变更劳动合同，致使劳动合同无效的。

用人单位以暴力、威胁或非法限制人身自由的手段强迫劳动者劳动；或用人单位违章指挥、强令冒险作业危及劳动者人身安全的，劳动者可以立即解除劳动合同，无须事先告知用人单位。

2.劳动者提前30日以书面形式通知用人单位，可以解除劳动合同。

主张经济补偿、经济赔偿的权利

1.有以下情形的，用人单位应当向劳动者支付经济补偿：

（1）劳动者因为用人单位未按劳动合同约定提供劳动保护或者劳动条件而解除劳动合同的；

（2）劳动者因为用人单位未及时、足额支付劳动报酬而解除劳动合同的；

（3）劳动者因为用人单位未依法为劳动者缴纳社会保险费而解除劳动合同的；

（4）劳动者因为用人单位规章制度违反法律、法规的规定，损害劳动者权益而解除劳动合同的；

（5）劳动者因为用人单位通过欺诈、胁迫、乘人之危，使劳动者在违背真实意思的情况下订立或者变更劳动合同，致使劳动合同无效而解除劳动合同的；

（6）劳动者因为用人单位以暴力、威胁或非法限制人身自由的手段强迫劳动者劳动而解除劳动合同的；

（7）劳动者因为用人单位违章指挥、强令冒险作业危及劳动者人身安全而解除劳动合同的

（8）用人单位向劳动者提出解除合同，双方协商一致解除劳动合同的；

（9）劳动者患病或非因公负伤，医疗期满后不能从事原工作，也不能从事另行安排的工作，用人单位提出解除劳动合同的；

（10）劳动者不能胜任工作，经过培训或调整岗位，仍不能胜任工作，用人单位提出解除合同的；

（11）订合同所依据的客观情况有重大变化，合同无法继续履行，协商变更合同无果的，用人单位提出解除合同的；

（12）用人单位因经济性裁员而解除劳动合同的；

（13）劳动合同期满，而终止固定期限劳动合同的（用人单位维持或提高劳动合同约定的条件续订劳动合同，但劳动者不同意续订的情形除外）；

（14）用人单位依法宣告破产、被吊销营业执照、责令关闭、撤销或提前解散而导致终止劳动合同的；

（15）其他。

2. 经济补偿的计算方法：按照劳动者在用人单位工作年限，每满1年支付1个月工资。6个月以上不满1年的，按1年计算；不满6个月的，支付半个月工资。

劳动者月工资低于当地最低工资标准的，按当地最低工资标准计算；高于本地区上年度职工月平均工资3倍的，按上年度职工月平均工资3倍计算，支付经济补偿的年限最高不超过12年。（月工资指劳动者在劳动合同解除或终止前12个月的平均工资，工作不满12个月的，按实际工作月数计算平均工资。工资按照劳动者应得工资计算，包括计时或计件工资、奖金、津贴和补贴等货币性收入）。

3. 用人单位违法解除或者违法终止劳动合同的，应向劳动者支付经济赔偿金，经济赔偿金的计算方式按照经济补偿金的2倍计算。

提请劳动争议处理的权利

1. 劳动争议发生后，当事人可以向本单位劳动争议调解委员会申请调解；调解不成一方要求仲裁的，可以向劳动争议仲裁委员会申请仲裁；对仲裁裁决不服的，可以自收到仲裁裁决书之日起15日内，向人民法院提出诉讼。

2.申请劳动仲裁是向法院提起诉讼的前置程序。未经仲裁不得向法院提起诉讼。

现在我们来看开篇的案例。

A公司的错误存在以下几方面：

1.令张某每天工作10小时，超出了法定"每天工作不超过8小时、每周工作不超过44小时"的限制，并且没有向张某支付超时部分的1.5倍加点工资。

2.强制张某公休日加班，没有补休，并且没有向张某支付2倍加班工资。

3.张某工作已满4年，从第二年起，每年有5天带薪年休假。A公司没有给张某休年休假，也没有向张某支付3倍的年休假工资。

4.张某于2013年6月休的3天年休假，属带薪休假，职工在年休假期间享受与正常工作期间相同的工资收入。所以不应扣除张某3天工资及全勤奖。

风险防范第20计

1.除非必要，请勿在招聘启事里明确规定招聘人员的性别、民族、身高、体重等内容。这些标准可以在面试过程中，由面试官进行考虑，但尽量不要以书面形式呈现出来。

2.劳动者公休加班的，用人单位可以选择给劳动者补休或者支付2倍工资；但劳动者在法定节假日加班的，无论是否补休，都需要支付3倍工资。所以尽量避免要求劳动者在法定节假日加班，尤其是不要占用法定节假日进行团建等活动。另外，关于加班，非必要不提倡加班，避免强制加班。完善上下班打卡或签到，以及加班报备制度，有清晰的考勤表，一旦日后发生纠纷有迹可循（需要用人单位提供考勤记录，但是加班事实是需要劳动者提供证据证明的。）

3.年休假是一种对劳动者的福利，自动启动，不是因劳动者提出才启动。所以用人单位无法以"劳动者未提出休年休假"为由，对抗"3倍工资"请求。另外，劳动者自愿放弃年休假的，用人单位一定要其出具书面声明，并保留存档。

4.关于婚、产、丧等假，各地通常有地方性的规定或指导意见，企业要了解本地规定，避免侵犯劳动者的权利。

5.如果是用人单位的原因导致劳动者离职，常常要进行经济补偿；用人单位如果违规开除劳动者，还面临经济赔偿的法律风险。所以在员工离职时，要让公司法务对离职的合规性进行审查。

◆ 二十一、规章制度

规章制度，是指用人单位制定的，在生产劳动和经营管理中的各类规则和制度。

案例

A自2009年起任职于B公司。入职时B公司将规章制度交由A签名确认，其中的奖惩制度规定员工连续旷工三天属于严重违反规章制度，可以辞退，无需支付经济补偿。2012年春节，A未经B公司同意，旷班3天提前回家过节，春节过后又延迟2天才回公司上班，前后共计旷工 5 天。B 公司根据规章制度，将解除劳动合同通知书邮寄给 A，解除了与 A 的劳动合同关系。A 不服，遂向劳动争议仲裁委员会申请仲裁。仲裁委员会认为 B 公司规章制度有明确规定旷工 3 天即属于严重违反规章制度，该制度已经向 A 公示告知，A 应当遵守。A 连续旷工五天，属于严重违反公司规章制度，B 公司的解雇行为符合法律规定。

企业运营的各种规章制度应该如何制定，属于管理学范畴，我们这里就不做论述。此处我们要讨论的是另一个重点内容——如何运用规章制度来对企业职工进行管理、规范、任免。我们一起来看一下法律是如何规定的。

《劳动合同法》规定

1. 用人单位在制定、修改或者决定有关劳动报酬、工作时间、休息休假、劳动安全卫生、保险福利、职工培训、劳动纪律以及劳动定额管理等直接涉及劳动者切身利益的规章制度或者重大事项时，应当经职工代表大会或者全体职工讨论，提出方案和意见，与工会或者职工代表平等协商确定。

在规章制度和重大事项决定实施过程中，工会或者职工认为不适当的，有权向用人单位提出，通过协商予以修改完善。

用人单位应当将直接涉及劳动者切身利益的规章制度和重大事项决定公示，或者告知劳动者。

2. 劳动者严重违反用人单位的规章制度的，用人单位可以解除劳动合同，且不支付经济补偿。

3. 用人单位直接涉及劳动者切身利益的规章制度违反法律、法规规定的，由劳动行政部门责令改正，给予警告；给劳动者造成损害的，应当承担赔偿责任。劳动者可以此为由解除劳动合同，并要求经济补偿。

最高院司法解释规定

1. 用人单位通过民主程序制定的规章制度，不违反国家法律、行政法规及政策规定，并已向劳动者公示的，可以作为人民法院审理劳动争议案件的依据。

2. 用人单位制定的内部规章制度与集体合同或者劳动合同约定的内容不一致，劳动者请求优先适用合同约定的，人民法院应予支持。

用人单位通过民主程序制定，并进行了公示或告知的规章制度，是单位内部的"法律"，在进行人事管理、任免与辞退时，发挥了极大的依据作用。如果职工严重违反，将可能被辞退，并且用人单位不需要与职工协商，不需要提前30天通知或额外支付1个月工资，也不需要给经济补偿金。

风险防范第21计

1. 企业一定要利用好这个"立法权"做好企业内部的"法律"。同时，规章制度的制定必须合法。企业不能侵害职工的正当权益，否则被员工举报则面临行政处罚和对劳动者赔偿。同时，规章制度要与劳动合同的约定保持一致，条款规定不同时，劳动者有权要求适用合同条款，合同优先于规章。

2. 与职工密切相关的制度，如劳动合同签署、工资社保福利、工时休假、奖惩、晋升、淘汰制度等，一定要按照法定程序经过民主程序制定并公示。要注意留存证据：

（1）留存照片、录像、会议记录等证明该制度草案曾在职工

代表大会上讨论并经过民主表决通过;

（2）留存就该制度草案曾向工会或全体职工征求意见的书面通知、公开置放征求意见箱照片、工会或职工的意见反馈书或书面建议意见等（包括书面回复"无意见"）。

（3）留存照片、录像、会议记录等证明该制度制定后，曾在全体职工大会上向所有职工宣读讲解;

（4）将该制度规范悬挂在职工办公场所;

（5）向职工发放员工手册，确保职工可以随时阅读;

（6）提供职工培训方案、课程表、课程讲义等，证明企业将该制度规范作为职工培训必修课进行过讲解，并提供职工参训的照片、签到表等证明职工均参加过培训;

（7）在与新进职工签订劳动合同时，将该规章制度规范作为附件附在劳动合同后面，重点条文应当加粗加黑，要求新进职工认真阅读并确认签字已详细阅读等。

3. 建议企业明文罗列出职工的哪些行为属于"严重违反规章制度"，此时不要用含糊的规定（如"员工不听从领导的合理指挥"，在"合理"的判断上就会产生分歧）。

4. 规章制度应该实时更新，尤其是对规章制度中一些采用"罗列"形式进行规定的条文，更要定时更新，根据层出不穷的新情况适时修改，这样才能与时俱进，发挥实效。当然，对涉及职工切身利益的制度进行修改，一样要遵照法定的程序，确保民主、合法、公开。

◆ 二十二、工伤

工伤，是指劳动者在从事职业活动或者与职业活动有关的活动时所遭受的不良因素的伤害和职业病伤害。

职业病，是指劳动者在职业活动中，因接触粉尘、放射性物质和其他有毒、有害物质等因素而引起的疾病。

李某是某公司的保安员。2010年12月16日晚上9点02分，李某在下班途中与汽车相撞，头部受伤。事发后，李某妻子向劳动部门提出工伤认定申请。李某的伤情被认定为工伤。公司不服并起诉至法院，提出事发当日李某属于擅自早退。本来李某应该在晚上9点钟才能下班，但有监控显示，他在晚上8点50分就提早下班了。如果当天李某正常下班，也就不会发生交通事故。所以请求法院撤销劳动部门作出的工伤认定。法院审理后认定李某属于工伤。

员工受了伤，跟单位有没有关系？单位要不要负责？要负多大的则？遇到员工工伤，是很麻烦的事，如果处理不好就可能违反法律。本节就来为您讲解法律关于工伤的规定。

职工有以下情形之一的，应认定为工伤

1. 在工作时间和工作场所内，因工作原因受到事故伤害的；

2. 工作时间前后在工作场所内，从事与工作有关的预备性或收尾性工作受到事故伤害的；

3. 在工作时间和工作场所内，因履行工作职责受到暴力等意外伤害的；

4. 患职业病的；

5. 因工外出期间，由于工作原因受到伤害或发生事故下落不明的；

6. 在上下班途中，受到非本人主要责任的交通事故或城市轨道交通、客运渡轮、火车事故伤害的；

7. 法律、行政法规规定应当认定为工伤的其他情形。

依据《最高人民法院关于审理工伤保险行政案件若干问题的规定》，以下情形可认定为工伤：

（1）职工在工作时间和工作场所内受到伤害，用人单位或社会保险行政部门没有证据证明是非工作原因导致的；

（2）职工参加用人单位组织或者受用人单位指派参加其他单位组织的活动受到伤害的；

（3）在工作时间内，职工来往于多个与其工作职责相关的工作场所之间的合理区域因工受到伤害的；

（4）其他与履行工作职责相关，在工作时间及合理区域内受到伤害的。

人社部在《关于执行＜工伤保险条例＞若干问题的意见（二）》中对达到退休年龄（男职工满60；管理岗女职工满55岁、非管理岗女职工满50岁）人员工伤认定问题做了新规定，以下两种情况可以认定工伤：

（1）虽达到法定退休年龄，但未办理退休手续或未依法享受城镇职工基本养老保险待遇，继续在原用人单位工作期间受到事故伤害或职业病的，用人单位承担工伤保险责任；

（2）用人单位招用已达法定退休年龄或已经领取城镇职工基本养老保险待遇的人员，在用工期间因工作原因收到事故伤害或患职业病的，如用人单位已按橡木参保等方式为其缴纳工伤保险费的，应适用《工伤保险条例》。

职工有以下情形之一的，视同工伤

1. 在工作时间和工作岗位，突发疾病死亡或在48小时内经抢救无效死亡的；注意，48小时的起算时间为医疗机构的初次诊断时间。

2. 在抢险救灾等维护国家利益、公共利益活动中受到伤害的;

3. 职工原在军队服役,因战、因公负伤致残,已取得革命伤残军人证,到用人单位后旧伤复发的。

有以下情形的,不能认定为工伤或视同工伤

1. 故意犯罪的;

2. 醉酒或吸毒的;

3. 自残或自杀的。

我们反观前面的案例。李某属于"上下班途中,受到非本人主要责任的交通事故伤害",符合工伤的认定条件。迟到或早退,属于违反用人单位规章制度的行为,并不属于法定的"不能认定为工伤"的情况。所以,对李某仍应该按"工伤"处理。

几年前,富士康员工出现十几起跳楼事件。但跳楼员工并不属于"工亡"(工亡属于工伤,是指因工死亡),因为自残、自杀是不能认定为工伤或工亡的。

企业家还需要了解的法律对"工伤"的其他规定:

1. 用人单位必须为职工缴纳工伤保险,职工个人不需缴纳。用人单位未缴纳工伤保险,导致工伤职工无法享受工伤医疗待遇的,由用人单位负责提供这些待遇。

2. 职工被借调期间受工伤,由原用人单位承担工伤保险责任,原用人单位与借调单位可以约定补偿办法(但不得免除原单位责任)。

3. 用工单位违反法律、法规规定将承包业务转包给不具备用工主体资格的组织或者自然人,该组织或者自然人聘用的职工从事承包业务时因工伤亡的,用工单位为承担工伤保险责任的单位。

4. 个人挂靠其他单位对外经营,其聘用的人员因工伤亡的,

被挂靠单位为承担工伤保险责任的单位。

5. 无营业执照或未依法登记、备案的单位以及被依法吊销营业执照或撤销登记、备案的单位的职工受到事故伤害或患职业病的，由该单位向伤残或死亡职工近亲属给予一次性赔偿，赔偿标准不得低于工伤保险待遇。

6. 用人单位使用童工（未满16周岁）造成童工伤残、死亡的，由该单位向童工或其近亲属给予一次性赔偿，赔偿标准不得低于工伤保险待遇。

7. 对工伤并被确认丧失或部分丧失劳动能力的职工，用人单位不能以"职工无法胜任工作""劳动合同订立时所依据客观情况发生重大变化"及"经济裁员"为由单方面解除劳动合同。

8. 工伤职工享受工伤医疗待遇，可以根据不同的伤残级别享受不同级别的伤残补助金、伤残津贴，符合条件的还能享受生活护理费、工伤医疗补助金等。工亡职工的近亲属可以领取丧葬补助金、供养亲属抚恤金和一次性死亡补助金等。由于具体分级分类规定比较细化、复杂，这里不做赘述，如有需要请参考《工伤保险条例》，或咨询律师。

风险防范第22计

1. 劳动合同中关于工伤的约定不能违反法律的强制性规定，就算劳动合同中写明"因劳动者个人操作失误导致工伤，本单位概不负责"等条款，也是无效的。

2. 企业如果未缴纳工伤保险，一旦发生工伤，由企业按照工伤保险待遇支付费用。按照2023年标准，仅一次性工亡补助金就超过98万元！因此企业一定要为职工缴纳工伤保险。

3. 建议有员工借调、派遣等人员流动情况的单位，与接收单位提前约定被调动职工"工伤"的责任承担比例,以免发生纠纷。

4. 对职工非因工受伤或死亡的情况,要及时取证。职工或其近亲属认为是工伤、用人单位不认为是工伤的,由用人单位承担举证责任。且法律是倾向于保护职工的,在证据的采信及认定上,也对劳动者更有利。

5. 虽然有保险,但是并不是用人单位所有的工伤花销都可以找保险报销的。比如停工留薪期的工资、与工伤职工解除劳动合同时的一次性伤残就业补助金,就需要用人单位自己支付。所以企业可以了解以下补充工伤保险或其他商业险,有必要的可以考虑购买其他保险对工伤保险进行补充。

6. 企业不要将业务违法转包给没有用工资质的组织或个人,也不要随便同意他人挂靠。例如建筑施工企业将工程发包给包工头,这个包工头又找了农民工干活。如果农民工发生工伤,该建筑企业就要承担工伤赔偿责任。虽然企业事后可以向相关人员追偿,但被追偿人往往没有支付能力。

7. 《劳动法》规定:"用人单位必须为劳动者提供符合国家规定的劳动安全卫生条件和必要的劳动防护用品,对从事有职业病危害作业的劳动者要定期体检。"建议企业家严格依法规范用工行为,预防工伤、工亡事故发生,避免和减少职业病危害。

8. 我国对职业病的认定依据是《职业病分类和目录》。对于未列明的疾病,不认为是职业病。所以当职工主张职业病赔偿时,企业应先对照《职业病分类和目录》进行判断。

◆ 二十三、竞业限制

竞业限制,是负有保密义务的劳动者,与用人单位解除或者终止劳动合同后一定期限内，不得到与本单位生产或者经营同类产品、从事同类业务的有竞争关系的其他用人单位任职，也不得自己开业生产或者经营同类产品的规定。

案例

周某与某视力科技有限公司订立劳动合同，周某担任公司总监助理。双方签订了保密协议，并规定周某在任职及离开公司之日起 2 年内，不得到其他有竞争关系的单位任职或为其提供服务，也不得自己经营与公司构成竞争关系的业务。"有竞争关系"泛指治疗近视和矫正视力的行业。竞业限制期间，A 公司每个月向其支付经济补偿金，数额为周某离职前 6 个月平均工资的 20%（3000元）。若周某违反协议，则应赔偿公司 100 万元。2021 年 5 月 5 日周某辞职。公司按照约定向周某支付竞业限制补偿金。到 2022 年 9 月 15 日，公司发现周某已经在某视光公司工作 1 年有余，遂提起诉讼。法院判决，周某违反了保密协议，赔偿某视力科技有限公司 8 万元，同时要求周某在 2023 年 5 月 4 日之前，继续履行竞业禁止义务。

企业核心员工在工作中常常会接触到企业的商业秘密，比如客户名单、核心技术等重要信息。如果这些员工离了职，会不会利用这些信息优势"挖墙脚"呢？这就需要企业防患于未然。本篇将为您讲解如何利用竞业限制条款做好防御工作。

法律规定用人单位与劳动者可以约定关于商业秘密或知识产权的保密事项。对负有保密义务的劳动者，用人单位可以在劳动合同或保密协议中设置竞业限制条款，并在限制期限内给予劳动者经济补偿。劳动者违反竞业限制约定的，应当向用人单位支付违约金，且用人单位有权要求劳动者继续履行竞业限制义务。

竞业限制的人员限于用人单位的高级管理人员、高级技术人员和其他负有保密义务的人员。竞业限制的范围、地域、期限由双方约定，但期限不得超过 2 年。

如果用人单位未给予劳动者经济补偿，劳动者又履行了竞业限制义务，可以要求用人单位按月平均工资的 30% 的标准支付经济补偿，或解除竞业限制约定。月平均工资的 30% 低于劳动合同履行地最低工资标准的，按照劳动合同履行的最低工资标准支付。如双方约定了竞业限制和经济补偿，劳动合同解除或者终止后，因用人单位的原因导致 3 个月未支付经济补偿，劳动者有权请求解除竞业限制约定。

还有一点要说明的是，在竞业限制期限内，用人单位可以随时解除竞业限制协议，劳动者有权请求用人单位额外支付劳动者 3 个月的竞业限制经济补偿。

劳动者违反竞业限制约定，向用人单位支付违约金后，用人单位可要求劳动者按照约定继续履行竞业限制义务。

我们看开篇的案例：

周某担任的职务是总监助理，能够在工作中掌握了解公司商业秘密、经营策略及专业技术，符合竞业限制人员范围。双方签订的协议是合法有效的。周某离职后，公司按约支付竞业限制补偿金，但周某违反协议，故应支付违约金。但考虑到公司支付的补偿金数额 3000 元与周某的赔偿金数额 100 万元严重不对等，所以法院根据实际情况做出调整，把赔偿金额确定为 8 万元。同时，周某进行赔偿之后，仍不能免除其竞业禁止义务。

风险防范第 23 计

1. 竞业限制条款可在劳动合同中进行特别约定，或双方单独签订保密协议。保密协议中一般应当包含竞业限制条款。如无竞业限制，保密协议的作用就十分有限。

2. 竞业限制的最长期限为离职后 2 年。即便签订的竞业限制期限超过 2 年，超过的部分也将会被认定无效。

3. 竞业限制限于用人单位的高级管理人员、高级技术人员和其他负有保密义务的人员。"其他负有保密义务的人员"范围较为模糊，需用人单位根据实际经营情况及劳动者工作岗位确定。建议企业在确定保密人员时有所依据（根据企业内部规章、劳动合同等），并注意保留证据。

4. 建议用人单位在协议中对补偿金进行明确规定。可以是固定金额，也可以是工资的一定比例。否则劳动者有权按月平均工资的 30% 的标准主张补偿金。

5. 用人单位要如约支付补偿金。3 个月未支付，劳动者竞业禁止义务便解除了。如果是劳动者拒不接受补偿金（一般情况下是因为劳动者想免除竞业限制），企业要注意保留证据证明企业有意愿履行补偿义务（比如要求劳动者提供账号的书面通知或沟通记录等），此时就算劳动者没有接受补偿金，竞业禁止协议依然有效。

6. 违反竞业限制的违约金应约定合理数额，如果明显不公平，法院会做出调整，以补偿金数额、给公司造成的损失大小等实际情况作为依据。如开篇案例，如果公司与周某当初约定的赔偿金为 10 万元，那么法院将会尊重双方约定，将赔偿额确定为 10 万元。（赔偿额可以适当高于公司实际损失，但不能明显高于实际损失。）

◆ 二十四、经济性裁员

经济性裁员，是指企业在特定情况下，一次性辞退部分劳动者，从而改善生产经营状况的一种手段。

案例

老王于 1996 年 1 月入职某物流公司，担任保安队长。2011 年 9 月，公司与老王解除劳动关系。老王对补偿金数额不满，申请劳动仲裁。公司辩称生产经营陷入严重困难，公司的裁员决定是经过市外经贸局批准的，截至仲裁之日已累计裁员 54 人，老王即在裁员人员之列。被裁员的其他员工都已经同意了补偿，唯有老王无理拒绝，要求高额赔偿金。

仲裁经审查认为，该物流公司进行经济性裁员，未提前 30 日向工会或者全体职工说明情况、听取意见，裁员方案也未向劳动行政部门报告。仅是取得了外经贸部门口头同意，不符合法定程序，属于违法裁员行为。至于该公司是否属于生产经营发生严重困难，老王对公司提供的资产负债表和利润表不认可，公司亦未能提供其他证据予以证明，故不予确认，综上裁决公司向老王支付赔偿金。

企业员工人浮于事，效率低下，想要精减人员？改革有风险，裁员需谨慎！裁员意味着大批解除劳动合同，一旦违法，企业的损失就会很大。那么在什么情况下，企业可以进行经济性裁员？经济性裁员的程序是什么？要对被裁掉的员工进行怎么样的补偿？本篇来为您做出讲解。

《劳动合同法》规定，有下列情形之一，需要裁减人员 20 人以上或者裁减不足 20 人但占企业职工总数 10% 以上的，用人单位提前 30 日向工会或者全体职工说明情况，听取工会或者职工的意见后，裁减人员方案经向劳动行政部门报告，可以裁减人员：

1. 依照企业破产法规定进行重整的；

2. 生产经营发生严重困难的；

3. 企业转产、重大技术革新或者经营方式调整，经变更劳动合同后，仍需裁减人员的；

4. 其他因劳动合同订立时所依据的客观经济情况发生重大变化，致使劳动合同无法履行的。

注意，裁员必经 3 个程序：

（1）提前 30 日向工会或全体职工说明情况；

（2）听取工会或职工意见；

（3）裁员方案向劳动行政部门报告。

缺少任何一个程序，都是违法的。

另外，裁员时要注意以下特殊规定。

1. 应当优先留用人员：

（1）与本单位订立较长期限的固定期限劳动合同的；

（2）与本单位订立无固定期限劳动合同的；

（3）家庭无其他就业人员，有需要扶养的老人或者未成年人的。

2. 不得裁减人员：

（1）从事接触职业病危害作业的劳动者，未进行离岗前职业健康检查；

（2）疑似职业病病人在诊断或医学观察期间的；

（3）在本单位患职业病或因工负伤，并被确认丧失或部分丧失劳动能力的；

（4）患病或非因工负伤，在规定的医疗期内的；

（5）女职工孕期、产期、哺乳期的；

（6）在本单位连续工作满15年，距法定退休年龄不足5年的；

（7）其他

3. 优先录用权

用人单位在6个月内重新招聘的，应当通知被裁减的人员，并在同等条件下优先招用被裁减的人员。

4. 应当向被裁掉的员工支付经济补偿金。

5. 如果用人单位违法裁员，劳动者要求继续履行劳动合同，用人单位应当履行；劳动者不要求继续履行，或劳动合同已经不能履行的，用人单位向劳动者支付赔偿金（赔偿金数额是经济补偿金的2倍）。

风险防范第24计

1.《劳动合同法》对劳动者的保护力度是很大的，企业如果需要进行经济性裁员，一定要遵照法律规定程序（注意保存证明程序合法性的证据，如保存好经济性裁员决定公告、方案征求意见书、方案研讨会议记录），并支付经济补偿金。违规裁员将面临经济赔偿，由于人数众多，对企业来说将会是一大笔损失。

2. 判断企业是否属于"经营发生严重困难"，要根据地方政府的相关规定和标准，要经过政府部门认定。各地规定不一样，标准及认定程序也有差异，建议企业详细咨询当地主管部门。如果当地没有具体的细化性的规定，一般要看企业的财务报表，了解企业是否一直处于亏损状态、是否资不抵债、是否停业整顿或濒临破产倒闭等。

3. 在公布企业经济性裁员决定时，要向工会或全体职工提供企业处于法定"特殊时期"的证据和法律依据，做好心理疏导工作，许诺企业恢复招聘可优先录取等，争取职工理解。

4.企业在经济性裁员后6个月内招聘的,一定要书面通知被裁职工,并保留好备份,证明企业已尽到通知义务。否则职工可能会状告企业侵犯其"优先录用权"。被裁职工在"同等条件"下应被企业优先录用,但是如果其他竞聘者的竞聘条件明显高于被裁职工,企业就可以选择聘用其他竞聘者。

第五章　工业产权部分

在知识经济时代，企业价值的重心逐渐由有形资产转向无形资产。品牌、专利、商业秘密等无形资产逐渐变成企业的核心竞争力。

品牌是企业商号（即企业名称）、商标（即商品标识）与特定产品相结合而在消费者意识中形成的整体印象。消费者在购买商品时，会以品牌认可度作为商品选择的重要依据。企业通过塑造优秀的品牌形象来稳固消费群体，占领市场份额。品牌打造需要极大成本，企业要对自己的品牌进行保护。

防止品牌侵权，最重要的一项内容就是"防止商品混淆"。就是说，消费者是冲着我的品牌来的，就只能买到我的产品。别人不可以用我的牌子冒充我的产品，也不可以做得和我的牌子相似而导致消费者误以为是我的产品。

专利是一种技术垄断权。企业有了专利，就可以决定谁能用我的技术、谁不能用、用我的技术要给多少钱。换言之，企业可以对这项技术的使用权进行分配，谁违背了我的分配，谁构成侵权。

商业秘密是企业保持市场竞争力的秘密武器。商业秘密不同于专利（发明专利、实用新型、外观设计），商业秘密的特色是"保密"，而专利需要"公开"。商业秘密主要应用在产品配方上，因为其"秘密性"，所以别人无法知晓其商品的配方，但却可以通过研发进行模仿、破解。一旦配方被破解，那么商业秘密就失去了价值。但专利不同,一旦申请成功就要公之于众,告诉别人这个是我发明的,你们不能用,你们如果也想用,那就要向我申请,我同意了你才能用。但是专利都有保护期限,其中发明专利保护期限为20年,实用新型和外观设计专利保护期为10年,一旦过期,专利技术就变成大家都可以免费试用的技术了。

品牌效应、技术垄断、竞争优势,都可以给企业带来巨大经济收益,反之,一旦被侵害便会给企业带来重创。无形资产看不见、摸不着、具有可复制性,极易被他人偷偷使用或模仿、假冒。为此,企业家必须有高度警惕性、敏感性。一方面要防患未然,做好知识产权保护与管理;另一方面要学习了解本章的各项法律知识点,敏锐察觉并及时制止他人侵权行为。

◆ 二十五、注册商标

注册商标,是指经过商标行政主管机关审核登记备案的商标。注册商标所有人享有商标专用权。

案例

1997年广药集团与鸿道集团签订了商标许可使用合同,鸿道集团获得了广药集团的红罐"王老吉"商标使用权。2000年,双方续签合同,将商标使用期限延至2010年5月2日。鸿道集团深知没有自主品牌、使用他人商标存在巨大风险,于是尝试着淡化"王老吉"商标,而在商品上突出鸿道集团自己的标志,但效果并不理想。于是,鸿道集团董事长为了延长商标使用期限,通过向广药集团原副董事长行贿,与广药集团签订了两个补充协议,将商标使用期限延至 2020 年。

后行贿受贿事件被曝光。广药集团与鸿道集团对两个补充协议的效力各执一词僵持不下，双方走到仲裁程序。2012 年 5 月 9 日仲裁机构做出裁决，由于两个补充协议是因贿赂行为而签订，所以无效，鸿道集团对"王老吉"商标的使用权截止于 2010 年 5 月 2 日。2010 年 5 月 3 日至 2012 年 5 月 9 日期间，鸿道集团生产销售"王老吉"饮料的行为属于侵犯广药集团商标权的行为。责令鸿道集团停止使用"王老吉"商标。

随后鸿道集团下属的加多宝饮料有限公司将其生产的凉茶应用了注册商标"加多宝"，并铺天盖地打广告大肆宣传"全国销量领先的红罐凉茶改名为加多宝"。2012 年，广药集团起诉加多宝公司构成不正当竞争行为，后最高院判决认为该广告内容符合客观事实，不构成不正当竞争。

我国法律虽然没有要求商标必须注册，但是《商标法》对注册商标的保护力度远远大于未注册商标。

注册商标权利人的权利

商标注册后，所有人即享有"商标专用权"，可以自己使用、转让他人、租给他人使用，可以禁止他人擅自使用。未注册商标的所有人不具有"商标专用权"，任何人都可以使用其商标；而且一旦其一直使用的商标被他人注册了，还有可能被禁止继续使用。如果企业没有自己的注册商标，是很难长线发展的。《商标法》规定的"商标专用权"是商标所有人权利的统称。其具体内容包括：

1. 专有使用权——在国家商标总局核准的商品或服务项目上使用其注册商标的权利；

2. 转让权——将商标专用权转让给他人的权利；

3. 许可使用权——准许他人使用其注册商标的权利；

4. 续展权——在商标到期前，申请续展，以延长商标保护期的权利；

5. 禁止权——禁止他人未经许可擅自在与其核准商品或服务项目相同或类似的商品或服务上使用与注册商标相同或近似的商标的权利。

案例中，广药集团先根据其"许可使用权"，将红罐"王老吉"商标使用权租给了鸿道集团；许可期满（2010年5月2日）后，又行使"禁止权"，禁止鸿道集团在凉茶饮料上使用其注册商标"王老吉"。

为更好地对商标专用权进行保护，《商标法》及相关司法解释还罗列出"侵犯商标专用权"的行为，包括但不限于以下几类：

1. 未经商标注册人的许可，在同一种商品上使用与其注册商标相同的商标；

2. 未经商标注册人的许可，在同一种商品上使用与其注册商标相近似的商标；或在类似商品上使用与其注册商标相同或近似的商标，容易导致混淆的。比如将"康施傅"商标用于方便面、方便粉丝、方便米饭；或将"哇哈哈"用于果汁类饮料。

3. 销售侵犯注册商标专用权的商品的。比如小卖店老板销售"康施傅"方便面。注意，销售不知道是侵犯商标专用权的商品，能证明该商品是自己合法取得并说明提供者的，不承担赔偿责任，但要停止销售行为。"合法取得"包括：有供货单位合法签章的供货清单、货款收据且实际履行；有供销双方签订的进货合同且实际履行；有合法进货发票且发票记载事项与涉案商品对应等。

4. 伪造、擅自制造他人注册商标标识或者销售伪造、擅自制造的注册商标标识的。比如伪造保时捷的车标、销售别人伪造出来的保时捷车标。

5. 反向假冒。即未经商标注册人同意，更换其注册商标并将该更换商标的商品又投入市场的。比如我进货一批"耐克"牌衣服，把商标更换成自己的商标后再卖出。

6. 将他人注册商标、未注册的驰名商标作为企业名称中的字号使用，误导公众的。比如"雪碧有限责任公司"。

7. 在相同或类似商品上，将与他人注册商标相同或类似的标志作为商品名称或商品装潢使用，误导公众的。这种情况会造成公众把别人的注册商标误认为是商品的通用名称，从而冲淡了商标的显著性。

8. 复制、模仿、翻译他人注册的驰名商标或其主要部分，在不同类商品上作为商标使用，误导公众。比如"肯德基牙膏""路易威登灯泡"。

9. 将与他人注册商标相同或者相近似的文字注册为域名，并且通过该域名进行相关商品交易的电子商务，容易使相关公众产生误认的。比如，一家灯泡生产商注册域名 www.coca-cola.com.cn 进行网络销售。

10. 故意为侵犯他人商标专用权行为提供便利条件，帮助他人实施侵犯商标专用权行为的。比如提供仓储、运输、邮寄、印制、隐匿、经营场所、网络商品交易平台等。

除了《商标法》外，《反不正当竞争法》也补充规定了经营者不得采用下列不正当手段从事市场交易，损害竞争对手：

1. 擅自使用与知名商品特有的名称、包装、装潢，或使用知名商品近似的名称、包装、装潢，造成混淆，误导公众的。

商品的包装、装潢，与商标相区别，可又常常紧密联系（包装、装潢上可能使用与注册商标相同或近似的商标或标识），对通过模仿包装、装潢故意制造混淆的，可通过《反不正当竞争》法进行维权。比如，苹果公司的IPAD是指其生产的平板电脑，属于知名商品。其他商品就不能叫IPAD。再如一家公司将生产的"太阳"牌汽水用红白色做包装，与可口可乐包装极其相似，就可以认定这家公司的行为构成了不正当竞争，搭了"可口可乐"的便车。我们开篇案例中，广药集团2012年7月起诉加多宝公司，也正是根据此条规定，主张"加多宝"凉茶包装装潢与"王老吉"红罐包装装潢相似，容易引起公众混淆。

2.擅自使用他人企业名称（包括简称、字号等）、社会组织名称（包括简称等）、姓名（包括笔名、艺名、译名等），引人误认为是他人的商品的；

3.在商品上伪造或冒用认证标志、名优标志等质量标志，伪造产地，对商品质量做引人误解的虚假表示的；

3.擅自使用他人有一定影响的域名主体部分、网站名称、网页等。

商标权受侵犯的处理

注册商标所有人的商标专用权受到侵犯，有权请求工商行政管理部门或人民法院进行处理。工商行政管理部门认定侵权行为成立的，责令停止侵权，没收、销毁侵权商品及制造工具，处以罚款。销售不知是侵权商品的，能证明该商品系合法取得并说明提供者的，责令停止销售。侵犯商标权的行为如果情节严重，还可能涉嫌刑事犯罪：

1.《刑法》213条【假冒注册商标罪】：未经注册商标所有权人许可，在同一种商品上使用与其注册商标相同的商标，情节严重的，处 3 年以下有期徒刑或者拘役，并处或单处罚金；情节特别严重的，处 3-7 年有期徒刑，并处罚金。

2.《刑法》213 条【销售假冒注册商标的商品罪】：销售明知是假冒注册商标的商品，违法所得数额较大或有其他严重情节的，处 3 年以下有期徒刑，并处或单处罚金；违法所得数额巨大或有其他特别严重情节的，处 3-10 年有期徒刑，并处罚金。

3.《刑法》215 条【非法制造、销售非法制造的注册商标标识罪】伪造、擅自制造他人注册商标标识，或者销售伪造、擅自制造的注册商标标识，情节严重的，处 3 年以下有期徒刑、拘役或管制，并处或单处罚金；情节特别严重的，处 3-7 年有期徒刑，并处罚金。

侵犯商标专用权的赔偿数额，按照权利人因被侵权所受到实际损失确定；实际损失难以确定的，可以按侵权人因侵权所获得的利益确定；仍难以确定的，参照该商标许可使用费的倍数合理确定。对恶意侵犯商标专用权、情节严重的，可以在按照上述方法确定数额的 1-5 倍确定赔偿数额。赔偿数额应当包括权利人为制止侵权行为所支付的合理开支。权利人因被侵权所受到的实际损失、侵权人因侵权所获得的利益、注册商标许可使用费难以确定的，由人民法院根据侵权行为的情节判决给予 500 万元以下的赔偿。

注册商标的无效宣告

商标的设计也有一定的要求，《商标法》规定了部分标志不能作为商标使用、注册，如果已经注册，由商标局宣告该注册商标无效；其他单位或个人可以请求商标评审委员会宣告该注册商标无效。具体包括：

1.以下标志不能作为商标使用：

（1）同中国国名、国旗、国徽、国歌、军旗、军徽、勋章等相同或近似的；

(2) 同中央国家机关的名称、标志、所在地等特定地点的名称或标志性建筑物名称、图形相同的；

(3) 同外国国名、国旗、国徽、军旗相同或相近似的，但该国政府同意除外；

(4) 同政府间国际组织的名称、旗帜、徽记相同或相近似的，但该组织同意或不易误导公众的除外；

(5) 与表明实施控制、予以保证的官方标志、检验印记相同或相近似，但经授权的除外；

(6) 同"红十字""红新月"的名称、标志相同或相似；

(7) 带有民族歧视性的；

(8) 带有欺骗性，容易使公众对商品的质量等特点或产地产生误认的；

(9) 有害于社会主义道德风尚或有其他不良影响的；

(10) 县级以上行政区划的地名，或公众知晓的外国地名，但地名具有其他含义或作为集体商标、证明商标组成部分的除外；已经注册的使用地名的商标继续有效。

2. 以下标志不能作为商标注册，除非已经经过使用而取得显著特征并便于识别：

(1) 仅有本商品通用名称、图形、型号的（比如"格瓦斯""气泡水"）；

(2) 仅直接表示商品质量、主要原料、功能、用途、重量、数量及其他特点的（比如"很好""酒精""止痛""大"等）；

(3) 其他缺乏显著特征的。

3. 以欺骗手段或其他不正当手段取得注册的。

4. 恶意抢注的；

5. 商标中有商品的地理标志，而该商品并非来源于该标志所示地区，误导公众的，但是已经善意取得的继续有效；

6. 复制、摹仿、翻译他人驰名商标的。

商标局做出宣告注册商标无效的决定，当事人不服，可以向商标评审委员会申请复审；复审后当事人仍不服，可以向法院起诉。

其他单位或个人请求商标评审委员会宣告注册商标无效的，由商标评审委员会作出裁定，当事人不服的，可以向法院起诉。

注册商标的撤销

出现以下情况注册商标可能会被商标局撤销：

1. 注册商标人在使用注册商标过程中，自行改变注册商标、注册人名义、地址或者其他注册事项的，由工商行政管理部门责令限期改正；期满不改正，由商标局撤销其注册商标；

2. 注册商标成为其核定使用的商品的通用名称；

3. 无正当理由连续 3 年不使用。

风险防范第 25 计

1. 企业要有权利意识，及时注册商标。商标与商品是对应的，在注册商标时，要选择所对应商品的范围。建议企业在选择商品范围时要有前瞻性，考虑到未来企业产品的发展方向，尽可能全面囊括。

2. 企业如果有走向国际化的打算，应尽早在目标国家进行商标注册，以防止商标在外国被他人抢先注册。我国已经加入"马德里联盟"，意味着可以在中国申请"马德里商标国际注册"——申请人无须一一去到目标国家进行商标注册，而只需向本土商标局提交申请，再由主管局提交至国际局，一份申请可指定在一个或多个国家、一个或多个类别的商品或服务上申请国际注册。

3. 企业要重视对商标的保护，防止侵权行为。商标是品牌的象征，具有很强的辨识度，与产品印象紧密相连。他人擅自使用企业注册商标，可能会因为商品质量不过关给企业的商誉造成严重影响。企业要有专门人员负责监查市场，抽查在市场销售的本企业商品来源，及时发现假冒、仿冒注册商标的产品及制售窝点。

4. 商标权人在发现有人侵权时，一是应立刻搜集并保留好证据证明自己所受实际损失、侵权人侵权行为获利的数额，为日后索赔提供依据；二是应立刻向侵权人发出正式的函，主张商标专用权，要求对方立即停止侵权行为。如果侵权人在收到函后继续侵权，就可以认定其属于"恶意侵权"，商标权人便可获得最高5倍的经济赔偿；三是若对方继续使用，立即向法院申请禁止令，要求对方停止侵权行为。

5. 销售侵犯他人商标权的商品，亦属于商标侵权行为。但有证据证明自己不知也无从得知该商品为侵犯他人商标权商品的除外。所以，如果销售的产品涉及商标侵权，应提供证据证明自己并不知情，如提供发票证明商品进货有合法来源、支付了合理价款等。

6. 知名商品所特有的名称、包装、装潢也是受到保护的，不可以擅自使用，也不可以抄袭模仿、混淆视听。当发现市场上流通着与本企业商品很相似的商品时，要马上进行自我保护。

7. 注册商标的有限期10年，从核准商标注册之日起算。在商标权快到期前一年内可以申请续期，如果没有及时续费可以给予6个月宽限期，宽限期仍没有提出续期申请，那注册商标将被注销。每次续期可续展10年，没有续展次数限制。但是一旦注册商标连续3年无正当理由不使用，就可以被任何单位或个人向商标局申请注销。注册商标被撤销、被宣告无效或期满不再续展的，自撤销、宣告无效或注销之日起一年内，商标局对与该商标相同或近似的商标注册申请，不予核准。所以企业应当注意商标的"保质期"，及时续期，并保持使用。

◆ 二十六、驰名商标

驰名商标，是经过有权机关依照法律程序认定为"驰名商标"的商标，是指在中国为相关公众广为知晓并享有较高声誉的商标。

案例

2022年，特斯拉（上海）有限公司起诉了中饮食品有限公司、广东中饮食品有限公司、糖玖网络科技（上海）有限公司侵犯其注册商标专用权及不正当竞争。原因是原告发现中饮、广东中饮未经许可，在生产、销售的苏打酒、啤酒等产品包装及产品宣传上使用了与原告涉案商标相同和高度相似的标识。后一审法院认定了特斯拉涉案商标属于驰名商标，并判决被告赔偿特斯拉公司经济损失及合理维权费用500万。

通过学习《注册商标》章节，我们知道了注册商标受到"同类保护"，即是说，注册人有权禁止他人在相同或相似的商品上使用与注册商标相同或相似的商标。那么类似"特斯拉啤酒""沃尔玛灯泡""肯德基牙膏"等跨领域使用他人商标是否可以呢？答案是，如果该商标已经被认定为驰名商标，那么即使跨领域，也是不能用的。这一节我们学习一下驰名商标的特殊规定。

分　则

驰名商标保护范围更大

未经注册的驰名商标受到法律的"同类保护"；经过注册的驰名商标甚至受到法律的"跨类保护"——未经驰名商标所有人的许可，在相同、相似、不相同、不相似的商品上，都不可以使用他人的驰名商标。

《商标法》规定："就相同或者类似商品申请注册的商标是复制、摹仿或者翻译他人未在中国注册的驰名商标，容易导致混淆的，不予注册并禁止使用。就不相同或者不相类似商品申请注册的商标是复制、摹仿或者翻译他人已经在中国注册的驰名商标，误导公众，致使该驰名商标注册人的利益可能受到损害的，不予注册并禁止使用。"

那么，怎么会有"未经注册的驰名商标"？驰名商标必定是很有名气的商标，如果一直没有注册，肯定早就被别人抢注了呀？其实，这种情况主要是指外国的驰名商标没有在中国进行注册。因为商标专用权的地域性，外国的驰名商标按理说不能在中国享受商标专用权。但是，法律对驰名商标进行了特殊保护，就算他不来中国注册，我们还是对他进行"同类保护"；他要是来中国注册了，那我们就给他更大范围的"跨类保护"。

那么，为什么要扩大驰名商标的保护范围呢？很多人想借着驰名商标的名气销售自己的产品。如果只是进行同类保护，一定会出现很多类似"麦当劳"毛巾、"星巴克"电脑、"海尔"方便面等产品。一来使得一些人"搭便车"投机取巧，破坏市场公平；二来一旦这些同名商品质量低劣，驰名商标会遭"抹黑"；三来老百姓容易产生混淆，以为这些同名商品是驰名商标商家推出的新产品。这些弊端都不利于市场健康发展，所以法律扩大了对"驰名商标"的保护。

驰名商标所有人特殊的权利

注册商标采用"先到先得"原则，谁先注册谁就拥有商标专用权，这就会导致商标抢注行为。例如，当中国百年老字号"同仁堂"想进驻日本市场的时候，发现在日本已经有人提前注册了"同仁堂"商标。根据"先到先得"，中国"同仁堂"想走向日本，要么支付高昂对价购买日本人手中"同仁堂"商标专有权，要么改商标名，却丧失了品牌优势。这十分不利于驰名商标走向国际市场。

为解决困境，驰名商标特殊保护制度应运而生。根据《商标法》规定，就相同或类似商品申请注册的商标是复制、摹仿或者翻译他人未在中国注册的驰名商标，容易导致混淆的，不予注册并禁止使用；就不相同或不相似商品申请注册的商标是复制、摹仿或者翻译他人已经在中国注册的驰名商标，误导公众，致使该驰名商标注册人的利益可能受到损害的，不予注册并禁止使用。上述商标如果已经注册，自注册之日起 5 年内，在先权利人或利害关系人可以请求商标评审委员会宣告该注册商标无效。对恶意注册的，驰名商标所有人不受 5 年的时间限制。

既然驰名商标具有这么多的优势，如何才能被认定为驰名商标呢？

我国驰名商标保护采取"个案认定、被动保护、按需认定"的原则，即是说只有在商标纠纷中，并且确有必要时才会对某商标是否构成"驰名商标"作出认定。在商标注册审查、工商行政管理部门查处商标违法案件过程中，商标局根据案件需要对商标驰名情况作出认定；在商标争议处理过程中，商标评审委员会根据案件需要，可以对商标驰名情况作出认定；在商标民事、行政案件审理过程中，根据案件审理需要，法院可以对商标驰名情况作出认定。而且这个认定是"个案有效"的，某商标在个案中获得"驰名商标"保护，不意味着其在每个案子中都能获得"驰名商标"保护，但是无疑被认定为驰名商标的记录，是在另案中是否能被认定为驰名商标的重要考量因素。在实践中，很多大公司会经常在市场开展检索，看是否有企业跨类别侵犯其商标，然后提起诉讼，目的就是在个案中被认定为驰名商标，从而获得跨区域的全方位保护。

除了司法判例以外，根据《商标法》及《驰名商标的认定和保护规定》，认定驰名商标还应当考虑以下因素：

1. 证明相关公众对该商标知晓程度的材料。

2. 证明该商标使用持续时间的材料，如该商标使用、注册的历史和范围的材料。该商标为未注册商标的，应当提供证明其使用持续时间不少于5年的材料。该商标为注册商标的，应当提供证明其注册时间不少于3年或者持续使用时间不少于5年的材料。

3. 证明该商标的任何宣传工作的持续时间、程度和地理范围的材料，如近3年广告宣传和促销活动的方式、地域范围、宣传媒体的种类以及广告投放量等材料。

4. 证明该商标曾在中国或者其他国家和地区作为驰名商标受保护的材料。

5. 商标驰名的其他证据材料，如使用该商标的主要商品在近3年的销售收入、市场占有率、净利润、纳税额、销售区域等材料。

开篇案例中，特斯拉公司无疑在诉讼中大获全胜，既确立了"特斯拉"为驰名商标，又获得了500万的赔偿金。而且，此举一出，也吓退了很多其他跃跃欲试想搭乘"特斯拉"便车的不法商家。

风险防范第 26 计

1. 认定商标驰名，考虑因素主要倾向于商标的知名度大小。企业在日常要尽量搜集保存相关材料，有备无患。比如商标最早开始使用的时间、进行广告宣传与品牌推广的情况、商品的生产销售量统计数据、市场范围覆盖面情况报告等。当然，企业也应该在经营运作中考虑这些因素。比如多策划一些品牌宣传活动，合理布局商品投入市场，定期做好产品销售情况调研、品牌认可度问卷调查等。

2. 驰名商标的认定遵循"个案认定"原则，不是"一次认定，终身有效"的，而是"这次认定，只管这次"。但是，认定结果在以后类似案件处理过程中具有参考价值（一般情况下都会"同案同裁""同案同判"），所以要注意保存曾被认定为"驰名商标"的材料证据。

3. 新商标法明确规定，生产、经营者不得将"驰名商标"字样用于商品、商品包装或者容器上，或者用于广告宣传、展览以及其他商业活动中，企业若违反本规定将面临 10 万元罚款。

4. 驰名商标很容易成为被侵害的对象。如果企业拥有驰名商标，应有专门的部门或人员负责驰名商标市场监测，及时察觉侵权行为。一来维护了品牌形象；二来及时索要侵权赔偿；三来维权行为可以带来很多附加价值（如提高社会关注度等），可谓无心插柳柳成荫。

5. 企业在注册商标时应尽注意义务，以免构成对驰名商标的侵权，更不能心存侥幸故意"搭便车""蹭名牌"，最后将可能面临巨额赔款得不偿失。

分 则

◆ 二十七、商标许可

商标许可，是指注册商标所有人允许他人在一定期限内使用其注册商标的行为。

案例1

甲是一家生产运动服装的小企业，真雪集团是一家知名服装生产公司。1995年8月1日，甲与真雪集团合作，双方签订了为期10年的商标独占使用合同。合同约定，1995年8月2日至2005年8月1日期间，真雪集团准许甲在生产的运动服装上使用其注册商标"真雪"。真雪集团不得在生产的运动服装上使用"真雪"商标，也不得准许第三人在生产的运动服装上使用"真雪"商标。甲第一年向真雪集团支付商标使用许可费80万元，从第二年开始，每年的许可费在上一年许可费的基础上增加5%。"真雪"运动服销售量连年上升，甲企业获得丰厚的利润。2005年8月1日，真雪集团收回"真雪"商标使用权，不准许甲继续使用"真雪"商标。甲多次交涉无果，生产经营受到极大打击。

案例2

A是"太阳花草"（裙装）商标的注册人。A与B签订《商标独占许可合同》约定A许可B在中国大陆范围内，在商品上独占性使用其"太阳花草"商标，使用期间为2000年1月1日至2003年12月31日。合同经国家商标局备案登记。2000年10月，A将"太阳花草"商标转让给M，合同中写明"A已许可B使用该商标，B的许可使用费由A收取"。2002年6月，M将"太阳花草"许可给 C 使用，C 随即在其生产的大量裙装上使用该商标。B 诉至法院，要求 C 进行侵权赔偿。法院经审理支持了 B 的要求。

商标许可在现实中普遍存在。一些知名企业的"大牌"商品供不应求，需要提高生产量；而一些小企业的商品没有名气卖不出去，需要市场。此时双方互相需要，达成一致。成功的商标许可是双赢的，一方面加大了"品牌商品"投放市场的数量，既利于扩大商标知名度，又利于品牌占领市场；另一方面被许可人可以借助品牌商标的"名气"大量售出商品、提高企业效益。而失败的商标许可则是一把双刃剑，如果选错了合作伙伴，对许可人来说可能因被许可人商品质量不好而"砸了牌子"；被许可人可能因许可人出现"品牌危机"而导致商品销售无门。

如我们开篇的案例 1，甲企业通过与真雪集团合作，商品销量大增，给其带来了 10 年的"春天"，积累了大量财富。而这 10 年间，"真雪运动服"已经形成了良好的品牌形象，受到消费者的认可。真雪集团在收回使用权后，无论自用还是许可他人使用，都有良好的市场基础。但是，被收回商标使用权的甲企业 10 年的心血付之东流，为他人做嫁衣了。

选择一个好的合作伙伴至关重要。同样，选择一种合适的商标使用许可方式也很重要。

《商标法》规定的三种许可方式

1. 普通使用许可。就是我让你用，我也用，我还可以让别人用。
2. 排他使用许可。就是我让你用，我也用，但我不能让别人用；
3. 独占使用许可。就是我只让你一个人用，我自己不用，我也不可以让别人用。

独占使用许可最有利于被许可人独占市场和进行商品管控，但其费用也是最高的。以上三种方式，被许可人市场占有率的理论值越来越高、对品牌的掌控程度越来越高，但相应的许可费也越来越贵。合同双方应根据需要进行选择。

由于商标许可合同是双方内部合同，外人很难知道双方是哪种许可方式。为了防止商标所有人"一女多嫁"，把同一个注册商标同时独占许可或排他许可给多人，《商标法》规定，商标所有人许可他人使用其注册商标的，应当报商标局备案，由商标局公告。同时，规定了未经备案的商标许可合同不可对抗不知情的第三人。举例说明：商标所有人甲与乙签订商标独占许可合同。过几天，甲发现丙出价更高，但丙并不知乙已取得了独占使用权，甲又与丙签订独占许可合同。被乙发现，出现纠纷。

情况1：甲乙合同没备案。此时，甲乙合同"不能对抗不知情的丙"。既然丙出价高，甲肯定选择履行与丙的合同，让丙取得独占使用权。乙此时便不可继续使用该商标，但乙可以追究甲违约责任。

情况2：甲乙合同备案了。此时，乙享有商标的独占使用权，可以禁止丙使用该商标。丙可以追究甲责任。

现在我们回顾案例2，来分析一下A、B、M、C四方的纠纷。A将"太阳花草"使用权以"独占许可"的方式授予了B，那就意味着在权利期内，除了B，其他任何人都不得再使用该商标。后A将商标权转让给了M，M理论上应该继受该商标上的一切权利和义务。但A与M协商约定"收B许可费"的权利属于A，双方达成一致，法律就予以认可。而其他未做约定的权利与义务就通通转到 M 承受，这里当然包括对 B 的义务——"保护 B 独占使用权"的义务。但是，A 并没有向 M 进行完全说明（只说了 B 有使用权，而未说明是"独占使用权"），未履行完全告知义务，有过错；M 没有到商标局查阅该商标上是否有义务，未履行合理审查义务，也有过错；M 将商标使用权授予 C，侵犯了 B 的"独占使用权"。C 在生产商品上使用"太阳花草"，侵犯了 B 的独占使用权。虽然 C 并不知道 B 有独占使用权，但是由于 A、B 的独占许可使用合同报商标局备案登记，可以对抗不知情的 C。所以，C 无权使用该商标，C 构成侵权，应进行侵权赔偿。所以法院支持了 B 的请求。当然，C 赔偿 B 之后，可以追究 M 责任。不过，C 本可以通过到商标局查询获知 B 享有该商标的独占使用权，C 也未尽到合理审查义务，也有过错。双方都应承担部分责任。M 赔偿 C 之后，也可以追究 A "未尽告知义务"的责任。合同具有相对性，所以在责任追究上也是一层追一层，不可"一勺烩"。

风险防范第 27 计

1. 企业如果有长远发展目标，应注册并使用自创商标，或者购买他人注册商标，尽量不要选择"租用"方式。租用他人商标虽然在短期内可以提高销量，但会造成品牌依赖。比如闹得沸沸扬扬的"王老吉"商标纠纷案，商标被许可人鸿道集团对许可人广药集团的"王老吉"商标产生品牌依赖，当租期已到广药集团收回使用权时，鸿道集团就陷入被动，前后花了数亿元推广"加多宝"品牌市场。可见改变商标对一个企业来说需要投入多大的成本。

2. 如果打算长期租用他人商标，可以考虑在商标许可合同中约定较长租期，租金可以按一定规则增长，以此来保证双方的长

3. 在签订商标许可使用合同之前,双方都要做深入的考察调研。许可人要考虑被许可人的生产经营能力、安全性、企业信誉等,被许可人要评估注册商标的价值等。签订合同之后,也要密切关注对方。许可人要监督被许可人使用其注册商标的商品质量,定期进行抽检;而被许可人也要留意注册商标市场价值的起伏变化。

4. 被许可方必须在使用该注册商标的商品上标明被许可人的名称和商品产地。这是法律的强制性规定,如果违反规定可能面临着行政处罚。

5. 在签订商标许可(尤其是独占许可和排他许可)合同时,被许可人要先到商标局去查询一下该商标的许可使用情况,看看是否有权利冲突。避免开篇案例中的情况。

6. 《商标法》要求由许可人或其委托的代理机构办理商标许可备案登记。建议被许可人在签订商标许可合同时,加入一条规定,要求许可人在合同签订后多长时间内进行备案。以此来督促许可人尽快备案,保障自己商标使用权具有公信力。

◆ 二十八、专利权

专利权,是指法律赋予发明人或合法申请人对某项发明创造在一定期间内的独占使用权。

案例

2010年3月,苹果公司向美国国际贸易委员会(ITC)起诉HTC,称HTC侵犯iphone的10多项专利,要求禁止HTC智能手机在美国销售。经过多轮诉讼，HTC 将苹果所指称的侵犯专利权的数量减至 1 项。ITC 后作出判决，认定 HTC 侵犯 iphone 的 1 项专利，并对侵权的 HTC 手机机型实施进口禁令。

2012 年 6 月，苹果再次启动对 HTC 的专利侵权之诉。HTC 随之提起反诉，指控苹果亦侵犯 HTC 专利权。后双方达成和解协议，均撤销了所有针对对方的专利侵权诉讼，并签订了 10 年期的专利交叉许可合同。

为什么两次交锋，结果不同呢？这是因为 HTC 拥有了可以牵制苹果的专利。苹果平衡利弊之后选择了"交叉许可"战略。

1988 年邓小平同志就提出"科学技术是第一生产力"的论断，在科技高速发展的今天，更加印证了谁掌握了科技，谁就掌握了市场。一个企业有没有技术、专利技术，尤其是过硬的专利技术，往往决定了这个企业的发展前景。为什么专利技术可以决定市场呢？因为专利是一种合法的"垄断特权"，其中核心内容就是"禁止权"。展开来说，我是专利权人，你没经我允许不可以制造、使用、销售、许诺销售、进口我的专利产品，或使用我的专利方法，或者使用、许诺销售、销售、进口依照该专利方法直接获得的产品。

我们看开篇案例。双方第一次交锋，正是因为 HTC 未经苹果允许，实施其专利（使用苹果的专利技术；制造、销售、许诺销售、进口使用苹果专利技术的手机产品），所以导致 HTC 败诉。双方第二次交锋，HTC 还是侵犯了苹果的专利。但这次不一样，因为苹果也同时侵犯了 HTC 的专利。如果苹果坚持诉讼，可能导致的结果就是两败俱伤（苹果无法继续使用 HTC 的专利），对苹果来说也是巨大损失。所以双方走向和解，我让你用我的，你也让我用你的。

下面，本篇就详细为大家讲解法律关于专利权的具体规定。

申请专利

专利分为发明专利、实用新型专利和外观设计专利。发明专利是指对产品、方法或者其改进所提出的新的技术方案；实用新型专利是指对产品的形状、构造或者其结合所提出的适于实用的新的技术方案；外观设计专利指对产品的形状、图案或其结合以及色彩与形状、图案的结合所作出的富于美感并适用于工业应用的新设计。

是否授予"专利权"，不同专利的条件不同：发明专利和实用新型专利要求产品或技术必须具有"三性"：新颖性、创造性和实用性；而外观设计专利的要求则比较低，仅需要满足"不属于现有设计，也未有人就同样设计在申请日前向专利部门提出过申请，并记载在公告的专利文件中"。

申请发明专利需要准备请求书、说明书及其摘要和权利要求书等文件，之后向专利行政部门提出申请，受理之后由行政部门进行初审，合格的进入公开程序。专利申请被公布后，申请人可以随时提出实质审查（审查是否具有"三性"）申请。通过实质审查的，授予专利权。

申请实用新型专利需要准备请求书、说明书及其摘要和权利要求书等文件；申请外观设计专利需提交请求书、该外观设计的图片或者照片以及对该外观设计专利的简要说明等文件。向专利行政部门提出申请，受理之后进行初审，没有发现驳回理由的即可授权并登记、公告，无需进行实质审查。对不符合条件的专利，采取事后的"无效宣告程序"进行纠正。

申请人对专利行政部门驳回申请的决定不服，可请求复审。

复审后对决定仍不服,可向人民法院起诉。

专利的保护期

法律规定,对发明专利的保护期为 20 年,实用新型的保护期为 10 年,外观设计专利的保护期为 15 年,均自申请日起算。

超过了保护期,专利权消失,产品或技术变成社会公共资源,所有人都可以免费使用。

值得注意的是,在 2020 年 10 月 17 日通过的《专利法》修正案中,新增了期限补偿制度,包括两种情形:

1. 自发明专利申请日起满四年,且自实质审查请求之日起满三年后授予发明专利权的,国务院专利行政部门应专利权人的请求,就发明专利在授权过程中的不合理延迟给予专利权期限补偿,但由申请人引起的不合理延迟除外。

2. 为补偿新药上市审评审批占用的时间,对在中国获得上市许可的新药相关发明专利,国务院专利行政部门应专利权人的请求给予专利权期限补偿。补偿期限不超过五年,新药批准上市后总有效专利权期限不超过十四年。

专利的无效宣告

专利权授予后也不等于高枕无忧。任何人都可以随时提出"无效宣告"申请。专利的无效宣告,常被作为侵权之诉的抗辩理由。你告我侵犯你的专利权,我就请求法院宣告你的"专利权"无效。最常用的,也是最有效的请求无效宣告的理由,就是证明该专利不具有"新颖性"——在申请日之前,该发明创造已经由他人或申请人自己公开。如通过新闻媒体、报纸杂志、各类公开性会议上披露该技术的实质性内容。举个案例:甲工厂有一项生产技术取得了专利。后甲发现乙工厂在私自使用这项技术，遂起诉乙工厂侵权。乙工厂经查询，发现甲工厂该项专利的申请日是2012年1月1日，但在2009年，已经有某台湾杂志对该技术进行了详细说明。于是乙工厂提出无效宣告请求。经查属实，甲工厂的专利由于缺乏"新颖性"，被宣告无效。乙工厂的行为不构成侵权。

所以，在企业被指控侵犯他人专利权时，应立即就该项专利权进行分析、检索，看该项专利权是否有无效事由。

专利许可

专利权人可以与他人签订专利使用许可合同。双方协商确定专利使用费用、期限及许可种类。

许可种类分为独占许可（只给你用，我自己都不能用）、排他许可（你我都可以用，但我不能再让别人用）、普通许可（你我都能用，我还可以再让别人用）、交叉许可（你用我的专利，我用你的专利）、专利池许可（几个人都拿出来自己的一项或多项专利，彼此之间可以互相用）、分许可（我不仅让你用，我还允许你再让别人用）、开放许可（以书面方式向专利行政部门声明愿意许可任何人用，并公示许可使用费支付方式、标准）。不同许可方式的使用费高低不同，经济价值也不同，企业可以根据需要进行选择。

但是，为了避免专利权人滥用自己的权利限制竞争，或为了社会公益，在出现以下情况时，可对发明专利、实用新型专利实施强制许可——专利行政部门可强制要求专利权人以合理的价格许可他人使用其专利：

1. 专利权人自专利被授予之日起满3年，且自提出专利申请之日起满4年，无正当理由未实施或未充分实施其专利的；

2. 专利权人行使专利权的行为被认定为垄断行为,为消除或减少该行为对竞争产生的不利影响的;

3. 在国家出现紧急状态或者非常情况时,为了公共利益的目的;

4. 为了公共健康目的,对取得专利权的药品,可以给予制造并将其出口到符合中国参加的有关国际条约规定的国家或地区的强制许可;

5. 出现专利依存情况——一项发明或实用新型比以前取得专利权的发明或实用新型具有显著经济意义的重大技术进步,其实施有赖于前一发明或实用新型,可根据后一专利权人的申请,给予强制许可;这种情形下,根据前一专利人申请,也可以给予实施后一发明或实用新型的强制许可;

侵犯专利权的法律责任

发明、实用新型专利被授予后,任何单位或个人未经专利权人许可,不得实施其专利,即不得为生产经营目的制造、使用、许诺销售、销售、进口其专利产品,或使用其专利方法以及使用、许诺销售、销售、进口依照该专利方法直接获得的产品。

外观设计专利被授予后,任何单位或个人未经专利权人许可,不得实施其专利,即不得为生产经营目的制造、许诺销售、销售、进口其外观设计专利产品。

未经专利权人许可,实施其专利即侵犯其专利权,双方发生纠纷协商不成,可向法院起诉,也可以请求管理专利工作的部门处理。管理专利工作的部门处理时,认为侵权成立的,可责令侵权人停止侵权。当事人不服的,可向法院起诉。双方对赔偿数额无法达成调解,可向法院起诉。赔偿数额按照权利人因被侵权所受到的实际损失或侵权人因侵权获得的利益确定；难以确定的，参照专利许可使用费的倍数合理确定；故意且情节严重的，按上述方法确定数额的1-5倍确定赔偿数额。权利人损失、侵权人利益、专利许可费均难以确定的，法院可根据专利类型、侵权行为性质和情节等因素，确定3-500万赔偿。赔偿数额应当包括为制止侵权行为所支付的合理开支。

但是注意，以下情形不视为侵犯专利权：

1. 专利产品或依专利方法直接获得的产品，由专利权人或经其许可的单位、个人售出后，使用、许诺销售、销售、进口该产品的；

2. 在专利申请日前已经制造相同产品、使用相同方法，或已经做好制造、使用的必要准备；且仅在原有范围内继续制造、使用的；

3. 临时通过中国领陆、水、空的外国运输工具，依照其所属国与中国的协议或互惠原则，为运输工具自身需要而在其装置和设备中使用有关专利的；

4. 为科学研究和实验而使用有关专利的；

5. 为提供行政审批所需要的信息，制造、使用、进口专利药品或专利医疗器械的，以及专门为其制造、进口专利药品或者医疗器械的为生产经营目的使用、许诺销售或销售不知道是未经专利权人许可而制造并售出的专利侵权产品，能证明该产品合法来源的，不承担赔偿责任。

风险防范第28计

1. 专利是重要的工业产权，会给企业带来巨大经济价值。建议企业有自己的知识产权战略，研发自主知识产权，并及时申请专利保护。在进行智力成果研发前，要进行专利检索，一方面确保项目新颖性，避免重复研发造成资源浪费；另一方面了解现有专利分布情况，规避专利侵权风险。

2. 申请专利即意味着"技术公开"，并且在保护期满后，该项技术即进入公共资源领域，谁都可以免费使用。所以企业要进行价值衡量，是选择"申请专利"的渠道来进行智力成果保护，还是选择"商业秘密"渠道进行秘密使用。具体请看《商业秘密》一节。

3. 专利申请的重点在于申请文件的撰写。权利要求书的内容及水平，决定了能否被授予专利权、被授专利权覆盖面大小及权利内容、专利公开程度是否恰到好处等诸多内容。建议企业交给法律顾问或专门的知产团队撰写。

4. 要监控市场，防止他人侵犯本企业专利权。发现侵权行为，可以申请诉前禁令，先行制止侵权行为进一步扩大，然后迅速展开侵权之诉。同时可以申请诉讼保全，请求法院固定证据，为日后索赔提供依据。

5. 取得专利权之后，还要在此专利基础之上继续升级、创新，争取在专利"过期"之前，研发出更高技术，并取得新的专利权，从而保持对一项技术长久地掌控，不因专利到期而丧失主动权。

6. 当被指控专利侵权时，有三个思路：一是寻找对方对自己专利的侵权行为提起反诉，以攻为守（如开篇案例HTC的做法）；二是证明对方专利的无效性，从根本上解决问题，如证明其专利不具有"新颖性"、不符合"技术公开性"（比如申请专利的说明书含糊其辞，不能完全说明该项技术）等；三是主张自己具有"先使用权"。即使说，证明自己在对方申请专利日之前已经开始不公开地使用该项专利了。这就要提供自己最早使用该项技术的时间早于对方申请日的证据。

7."开放许可"实施期间,对专利权人缴纳专利年费相应给予减免。企业可以自主衡量,选择使用。

◆ 二十九、职务发明

职务发明,是指职工执行本单位任务或者主要是利用本单位物质技术条件完成的发明创造。

案例1

刘某毕业后到某生产销售电池的公司从事销售工作。刘某在校期间对电池制造原理颇有见地,工作后利用业余时间继续研究,最终发明出一种低成本的新型电池制造方法。刘某多次进行制作实验都获得了成功。公司得知此事,十分看好并支持刘某的发明,并将刘某调职到生产部,配备人员成立生产小组大量开展生产。刘某申请了个人发明专利。半年后,公司欲将此方法许可其他生产商使用,刘某不同意,遂发生纠纷。公司诉至法院,认为刘某的发明系职务发明,专利权属于公司,刘某私自申请个人发明专利的行为侵犯了公司的专利申请权。刘某则主张自己是专利权人,不准公司继续实施其专利。法院经审理认为,刘某的发明系个人发明,可以申请个人专利,专利权属于刘某个人。公司未经刘某允许,不得实施其专利。

案例2

老张入职某车辆有限公司从事摩托车生产。工作期间,老张有两项职务发明被授予了专利权,专利权人为该车辆公司。车辆公司实施了该两项专利，并许可A公司和B公司使用该专利。1年后，老张在市场上发现A公司和B公司生产的摩托车均使用了自己发明的两项专利，遂要求车辆公司支付其职务发明专利的奖励和报酬共计1000万元。车辆公司予以拒绝。老张起诉至法院。法院判决车辆公司应当向老张支付职务发明创造发明人奖励及报酬。由于双方无证据证明专利使用及允许他人使用带给车辆公司的经济效益的具体数额，遂酌情支付老张100万元。

员工发明创造了专利技术，究竟是算员工个人的成果，还是算单位的成果？员工说自己辛辛苦苦搞钻研，发挥主观能动性进行技术创造；单位说自己出钱出设备、提供大量的技术支持和物质保障。到底谁才应该是"摘桃子的人"？本篇我们来讲解《专利法》中的"职务发明"。

判断标准

当企业与职工未就职务发明的专利权归属进行约定的情况下，认定某企业职工的发明或设计属于职务发明，要符合以下两个标准之一：

1. 职工是执行本单位的任务所完成的发明创造。具体指：

（1）在本职工作中作出的发明创造；

（2）履行本单位交付的本职工作以外的任务所作出的发明创造；

（3）退休、调离原单位后或者劳动、人事关系终止后1年内作出的，与其在原单位承担的本职工作或者原单位分配的任务有关的发明创造。

2. 职工主要利用了本单位的物质技术条件所完成的发明创造。

具体指：

（1）利用本单位的资金、设备、器材、零部件、原材料或者不对外公开的技术资料等物质条件，并且该物质条件对形成该技术成果具有实质性影响；

（2）该发明创造的实质性内容是以本单位尚未公开的技术成果、阶段性技术成果作为基础的；

（3）除外情形：职工利用本单位提供的物质条件后返还了资金或支付了使用费的，或仅是在技术成果完成后利用本单位物质技术条件进对技术方案进行测试、验证的除外。

案例1中，刘某在公司从事销售工作，研制电池生产方法并非刘某工作所需。并且刘某是利用业余时间进行兴趣研究，没有利用公司的物质技术条件。公司是在刘某发明已经完成之后才将刘某调职到生产部，并安排其从事生产工作的。这是公司在刘某的发明完成之后对该发明的运用，不属于"利用本单位物质技术条件"进行发明创造。所以，此项发明属于刘某个人发明，不属于职务发明。

发明、设计人的权利

虽然职务发明的专利权属于单位，但辛苦研发的发明人或设计人有权获得奖励和报酬，并享有署名权，国家鼓励被授予专利权的单位对发明、设计人实行激励，如采取股权、期权、分红等方式，使发明、设计人合理分享其创新收益。

1.获得奖励报酬权，即发明、设计人有要求单位给付物质奖励，并根据专利推广应用取得的经济效益给付经济报酬的权利。奖励及报酬数额依照公司章程、公司规章制度、劳动合同或职务发明的相关协议确定。如果没有规定或约定，则按照《专利法实施细则》支付：

奖励——单位自专利权公告之日起3个月内付奖金，一项发明专利最低3000元；一项实用新型专利或者外观设计专利最低1000元。

报酬——单位每年从实施该项发明或者实用新型专利的营业利润中提取不低于2%，或者从实施该项外观设计专利的营业利润中提取不低于0.2%；或者参照上述比例给予一次性报酬；单位许可他人实施其专利的，应当从收取的使用费中提取不低于10%。

2. 署名权，即发明、设计人有权在专利文件中写明自己是发明、设计人。

案例2中，老张是两项专利的发明人，车辆公司应该对其支付的钱（至少）包括：1. 奖金不低于6000元；2. 报酬——按照车辆公司每年从实施该两项专利取得的营业利润的2%、以及AB两家公司支付的两项专利使用费的10%提取。但是，由于双方无法举证公司实施这两项专利取得的营业利润，也没有证据显示AB两家公司支付的专利使用费数额，所以法院酌定奖励、报酬合计100万元。

3. 优先受让权——《民法典》第847条规定了"法人或非法人组织订立技术合同转让职务技术成果时，职务技术成果的完成人享有以同等条件优先受让的权利"。

- 这里还要特殊说明一下，所谓的"发明、设计人"是指对该发明创造的实质性特点作出创造性贡献的人。在完成职务发明中，只负责组织工作的人、为物质技术条件的利用提供便利或从事其他辅助性工作的人，不属于发明、设计人。

风险防范第 29 计

1. 公司是职务发明的专利权人。当职工完成职务发明创造时，公司要及时申请专利权。

2. 在公司进行专利项目研发之前，要先与发明、设计人签订合同，对专利权的归属、奖金及报酬的金额等重要事项予以明确，避免日后出现争议。

3. 对职工在非工作时间使用公司大型、重要、贵重的生产设备以及进入生产车间、实验室进行严格管理，确有必要需要进入的，应当向公司提出申请，并将使用情况要求原告进行登记并签字确认，公司留存。

4. 职工离职后申请的专利亦可以认定为职务发明，企业需要证明两个条件：时间上要求职工在离职后 1 年内提出专利申请，关联性上要求该发明创造与职工在职期间的本职工作或单位交付的其他工作具有高度相关性。这就需要企业注意取证，在员工（特别是技术员工）离职后也要保留至少 3 年的员工资料、信息档案、打卡考勤记录、工作小结、使用公司重要机器设备等的工作记录等。有些职工特意会等离职后满 1 年再去申请专利，企图规避"1 年内"的时间要求，根据司法实践做法，如果企业能够证明该技术成果形成于员工在职期间或离职后 1 年内，也可以进行认定，但这个证明责任很重、证明难度很大。

5. 发明、设计人为多人的，作为一个整体来共同获得奖励和报酬，至于内部如何分配，发明、设计人之间可以约定。如果没有约定，一般情况下平均分配。企业安排开发，通常会安排一个团队进行，有从事核心开发工作的，亦有辅助性工作的，建议设立专项的开发合同，在合同中约定明确的人员及分工，确认技术岗与管理服务岗,对奖励报酬的分配比例提前约定,这样即有利于定职定责,又可以避免员工矛盾。

◆ 三十、商业秘密

商业秘密,是指不为公众所知悉、具有商业价值,并经权利人采取相应保密措施的技术信息、经营信息等商业信息。

案例

世界各地关于"可口可乐"秘方的猜测已经持续有100多年了,但是到现在为止,还没有人可以破解可口可乐原浆配制的奥秘。而这,正是可口可乐在饮料界得以领跑全球的核心竞争力所在。可口可乐畅销全球,几乎在世界各地都有生产车间。但是可口可乐公司却绝不会将可口可乐的"秘方"告诉合作者。这是公司的绝对机密,只有几个人知道配方,他们都与公司签订了"永不泄密"的协议。可口可乐公司自己负责生产原浆(半成品),将原浆发送给合作者,并告知合作者如何将原浆制做成可口可乐。没有人知道原浆是如何制作而成的,所以,没有人可以自己制造出"可口可乐"。可以说,哪怕将可口可乐公司一夜之间烧成灰烬,只要"秘方"还在,就可以迅速建造起一个同样的"饮料帝国"。

商业秘密和专利技术很像,都是企业的"杀手锏",都受法律的保护,但两者也有区别——商业秘密是保密的,而专利技术是公开的。专利技术是尽量详细地告诉所有人,我这个技术是怎么样的,你们都不要用我的技术,用的话就要掏钱;而商业秘密是企业的"重点保护对象",谁都不能告诉,但是却无法排除他人通过自己努力破解其商业秘密。一旦商业秘密被他人破解,就无法阻止他人将之公开或进行使用。另外,专利权是有保护期限的(最长20年),到期之后就成为大家都可以使用的公共技术;而商业秘密是没有期限的,只要没有被破解,就一直为企业所独占。这也是很多企业不肯申报专利的原因。

下面,就向大家讲解关于"商业秘密"的法律规定。

商业秘密分为经营性商业秘密和技术性商业秘密。经营性商业秘密如企业的运营策略、客户信息、进货渠道等,技术性商业秘密如商品生产制作方法、设计图纸、技术诀窍等。无论哪一种商业秘密,都必须同时符合三个条件:一是不为公众知悉;二是能给企业带来经济效益;三是企业对之采取了保密措施。这是商业秘密的构成要件。

在现代社会,信息就是金钱,技术就是生产力。谁掌握了信息和技术,谁就占了主动权。各企业在竞争中,一方面要注意保护自己的商业秘密;另一方面,也都希望能获得他人的信息和技术。现实中企业商业秘密被泄露的情况时有出现。一般的泄露途径包括:企业内部涉密员工外泄、涉密文件遗失、废弃涉密文件未销毁外流、通信通话及电子商务信息外泄、企业合作洽谈外泄、接待参观展览时外泄等。企业要保持警惕,定期自查以上环节是否存在管理漏洞。

法律保护企业的商业秘密,《反不正当竞争法》规定下列行为属于侵犯他人商业秘密的不正当竞争行为:

1. 以盗窃、贿赂、欺诈、胁迫、电子侵入或其他不正当手段获取权利人的商业秘密;

2. 披露、使用或者允许他人使用以前项手段获取的权利人的

商业秘密;

3. 违反保密义务或者违反权利人有关保守商业秘密的要求,披露、使用或者允许他人使用其所掌握的权利人的商业秘密。

4. 教唆、引诱、帮助他人违反保密义务或者违反权利人有关保守商业秘密的要求,获取、披露、使用或者允许他人使用权利人的商业秘密。

5. 第三人明知或应知商业秘密权利人的员工、前员工或其他单位、个人实施第1项所列违法行为,仍获取、披露、使用或允许他人使用该商业秘密的。

在侵犯商业秘密的民事审判程序中,商业秘密权利人提供初步证据,证明其已经对所主张的商业秘密采取保密措施,且合理表明商业秘密被侵犯,涉嫌侵权人应当证明权利人所主张的商业秘密不属于法律规定的商业秘密(即不符合"商业秘密"的构成要件)。

商业秘密权利人提供初步证据合理表明商业秘密被侵犯,且提供以下证据之一的,涉案侵权人应当证明其不存在侵犯商业秘密的行为:

1. 有证据证明涉案侵权人有渠道或有机会获取商业秘密,且其使用的信息与该商业秘密实质上相同;

2. 有证据证明商业秘密已经被涉嫌侵权人披露、使用或有披露、使用的风险;

3. 有其他证据表明商业秘密被涉嫌侵权人侵犯。

那么一旦涉嫌侵犯商业秘密被诉,应当从以下几方面准备应诉答辩:

1. 案涉商业秘密不属于《反不正当竞争法》中保护的商业秘密,即不满足商业秘密构成要件;

2. 自己使用的技术与对方主张的商业秘密存在实质性区别；

3. 自己获取该技术的手段是合法的：比如是通过自主研发，或通过反向工程破解，或善意取得（商业秘密也可以通过合同约定许可使用）。

但当企业商业秘密受到非法侵害时，就可以请求监督检查部门进行处理，监督检查部门应当责令停止违法行为，可以根据情节处以罚款；权利人也可以向法院起诉侵权人，主张赔偿。数额按照其因被侵权所受到的实际损失确定；实际损失难以计算的，按侵权人因侵权获得的利益确定。恶意实施侵犯商业秘密行为，情节严重的，可以按照上述方法确定数额的 1-5 倍确定赔偿数额，赔偿数额还应当包括经营者为制止侵权行为所支付的合理开支。以上均难以确定的，人民法院根据侵权情节判决给予权利人 500 万以下的赔偿。

《刑法》第 219 条中也规定了侵犯商业秘密罪，对侵犯他人商业秘密给他人造成重大损失的行为予以刑事处罚。根据 2020 年最高检、公安部《关于修改侵犯商业秘密刑事案件立案追诉标准的决定》，侵犯商业秘密，涉嫌下列情形之一的，应予立案追诉，对侵权人处以 3 年以下有期徒刑，并处或单处罚金：

1. 给商业秘密权利人造成损失数额在 30 万元以上的；

2. 因侵犯商业秘密违法所得数额在 30 万元以上的；

3. 直接导致商业秘密权利人因重大经营困难而破产、倒闭的；

4. 其他给商业秘密权利人造成重大损失的情形。

给商业秘密权利人造成损失数额或因侵犯商业秘密违法所得数额在 250 万元以上的，应当认定为"造成特别严重后果"，可以对侵权人处以 3-10 年有期徒刑，并处罚金。

风险防范第 30 计

1. 深入分析技术性机密的"生命期"长短、被破解的可能性大小、商业价值大小、获得专利保护的可能性大小、许可他人使用能带来的经济价值大小等特点，衡量比较通过商业秘密途径与专利途径保护的利与弊，确定最佳保护方案。

2. 防范重于救济。可口可乐的秘方作为公司的最高机密，连生产人员甚至高管都不能涉足。而且，秘方被拆分成几部分，由不同的人分别掌握，每个人都签署了"永不泄密"的保证书。企业家也要向可口可乐公司学习这种保密意识，并建立起商业秘密保密制度。

3. 《劳动合同法》中也有保护企业商业秘密的规定：一是可以和员工签订保密协议，员工不得将自己掌握的公司保密信息泄露给他人，否则要承担违约责任；二是可以与负有保密义务的员工约定"竞业限制"，即使说员工离开公司之后一段时间（不超过2年）内不得到与公司有竞争关系的其他公司工作，也不可以自己开公司从事与原公司有竞争关系的业务。企业可以根据需要，与涉密员工签订保密及竞业限制协议。为督促员工履行保密义务，可以在合同中约定高额违约赔偿。注意，对处于竞业限制期间的员工要进行合理经济补偿，否则可能导致合同无效。

4. 在企业合作时也存在着商业秘密泄露的风险。民法典中规定，在订立合同过程中知悉对方的商业秘密，无论合同是否成立，均不得泄露或者不正当使用。企业在洽谈合作时如果不可避免地涉及商业秘密，要与对方签订保密协议。

5. 当企业的商业秘密受到他人侵犯而提起诉讼时，需要自证该涉案信息属于本企业的"商业秘密"。"有无加密措施"是法院是否予以认定的重要因素。所以，在企业充分做好保密工作的同时，不要忘记保留加密证据。比如在相关资料或文件上标注"密件"、在电子数据上设置访问密码，对涉密人员进行过保密培训、签订过保密协议，对知晓该信息的人员身份及人数有严格的限制规定等。

6. 企业的技术性商业秘密被他人研究发现并申请专利且获得专利权时，如果企业能证明自己在他人申请日前已经使用了该技术，是可以在原来的生产规模内继续使用的。所以企业要保存证据证明商业秘密最早被使用的日期，当被起诉侵犯专利权时可以用来做抗辩。

7. 客户基于对员工个人的信赖而与该员工所在单位进行交易，该员工离职后，能够证明客户自愿选择与该员工或该员工所在的新单位进行交易的，不能以此认定该员工以不正当手段获取原单位商业秘密。

8. 当被诉侵犯商业秘密时，要对该商业秘密所涉技术进行资料检索，如果该技术信息已经在公开出版物或其他媒体上公开披露过，或已经通过公开的报告会、展览等方式公开过，或在该领域已经有相关人员通过其他公开渠道可以获得相关信息，或者该信息在所属领域已经属于一般常识或行业惯例，或该秘密可以通过专业人员观察上市产品即可反向破解的，那么法院就可以认定该信息已经为公众所知悉，案涉技术信息不会被认定为"商业秘密"。

第六章　资金链部分

资金链是企业的血液，企业经营活动导致资金流转，这就是企业在进行血液循环。但是，经营活动一旦出现问题导致资金脱节，就将相当于切断企业血脉，企业就会陷入危机。如何在商战中降低经营风险，稳固资金链，是企业必须思考的问题。

为了扩大销量进行赊销、为了扩大生产相互拆借资金、为了获得贷款企业间互相提供担保等经济行为都伴随着较大的风险——赊销收不回货款、债务人借了钱不还、给别人做担保后债务人不能清偿债务导致自己承担连带责任等。这些都会给企业带来经济损失。当大量的应收账款无法得以实现，企业就会"供血不足"，甚至"血源枯竭"，生死存亡一线！

本章节主要包含企业应如何保护资金链条，避免呆账、坏账、死账，以及出现坏账风险时应如何"自救"，从而帮助各位做到事前有预防、事中有办法、事后有措施，并建议企业建立一套搭建在法律框架之上的应收账款管理流程，保证现金流的安全充盈。

◆ 三十一、资金链断裂

资金链，是指维系企业正常生产经营运转所需要的基本循环资金链条。资金链断裂意味着企业没有现金周转。

案例

1991年，史玉柱创办了巨人公司。1992年，为建造中国第一高楼，巨人大厦设计方案从原先的18层升至70层，需资金超过10亿元。史玉柱基本上以集资和卖楼花的方式筹款，集资超过1亿元，未向银行贷款。1993年，巨人仅中文手写电脑和软件的当年销售额即达到3.6亿元。巨人成为中国第二大民营高科技企业。1994年年初，巨人大厦动工，计划3年完工。1996年，巨人大厦资金告急，史玉柱决定将保健品方面的全部资金调往巨人大厦，保健品业务因资金"抽血"过量，再加上管理不善，迅速由盛而衰。1997年年初，巨人大厦未按期完工。巨人陷入严重财务危机，只建至地面三层的巨人大厦停工，巨人集团因资金链断裂名存实亡。史玉柱从《福布斯》内地富豪第8位变成了负债两个多亿的"负翁"。

资金链条是企业血液，企业要维持运转，就必须保持血液循环。从巨人集团到三九集团，这些商业巨人的轰然倒地都是由于资金链断裂。为了防止资金链断裂造成企业死亡，企业家必须了解资金链为什么会断裂，并在企业运作中"三省吾身"。我们总结了一些常见的资金链断裂的原因：

1. 大量应收账款无法收回。企业为提高市场竞争力，对客户信用审核不严而大量赊销，有限的流动资金被用来垫付各种税金和费用，致使企业现金短缺，无法满足企业正常经营的需要，形成大量坏账。

2. 企业急于扩大规模。未进行充分考察而盲目向陌生领域进军，难免会有投资失误，项目或预算严重超标，或不能按期投产，或没有得到预期收益。

3. 企业盲目为他人提供担保。为解决融资难问题,中小企业往往采取企业间对等互保的方式,你给我担保,我给你担保。一旦担保链条中的一个企业不能按期偿债,整个链条上的企业都将受到严重影响。

4. 短期借款用于长期用途。除非企业有足够的能力持续造血,否则严重的短贷长投将会造成企业资金循环困难。短贷长投一旦与盲目扩张或多元化结合在一起,则会引起财务风险倍增,极易引起企业资金链断裂。

5. 高负债率。史玉柱在他的书中说:"我对自己的负债率就有一个控制,像我在珠海巨人出事的时候,负债率高达80%。后来我就跟自己这么规定:5%的负债是个绿灯,是安全的;10%的负债就要亮黄灯;15%的负债就要亮红灯了,不能碰了。像这样我们的公司就不会因为负债而出问题。回过头来看,过去十年中国的著名民营企业老板进监狱的,表面上是各种原因进了监狱,其实他们有共同的问题,都是负债率过高所导致。负债率过高,资金链就免不了会出问题。资金链出了问题就会饮鸩止渴,做很多违规的事。"

6. 企业资本金来源不合理、不真实、不稳定,在企业经营过程中遇到资金困难时,股东不能给予必要的支持和帮助,甚至有的股东抽逃出资或从企业通过不正当手段抽取资金。

7. 企业产品、企业规划不符合市场环境,企业内部管理混乱,导致经营状态差,企业运营资金不足,出现经营困难。

企业在创立伊始往往不会出现资金链断裂的问题,一是因为企业家比较谨慎;二是因为资金相对充足。但随着企业的业务不断做大做强、业务面不断拓展,处于爬升期乃至繁荣期的企业就会逐步遇到资金周转问题。此时,企业必须保持警惕,在资金链问题上切莫大意。

风险防范第 31 计

1. 企业应建立充分、完善的资金管理制度。比如：对外担保制度、投资管理制度、资金借贷制度、合同款垫付及催收制度等。涉及企业大额资金收支问题，必须经过上会、审批程序，且在审核批准上应当从严把关、慎重决议，严格跟踪督促，确保相关合同的合法、合规履行，谨防对方或第三人违约给己方造成损失。

2. 对企业担保、投资、借贷、垫付合同款等行为，如果标的较大，要事前进行风险评估，由律师、会计师等专业人才组成风险评估小组，集体讨论、审核并出具意见书，提供给决策部门参考。

3. 完善企业财务管理制度。做好现金流规划，对有可能出现现金流枯竭的问题制定预案、防患未然；重视资金审计，敏锐察觉资金链断裂倾向，及时进行资金及业务调整，如放缓投资、回笼资金、开源节流等。

4. 在企业处于扩张期时，避免盲目的一次性巨额投资、避免过度交易、避免短资长用，要给企业保留必要的机动资金。

5. 慎重选择合作伙伴，拒绝信用等级低的"垃圾客户"。具体内容可参见本章《尽职调查》内容。

6. 及时催收应收账款，使资金早日回笼，提升资金周转率。具体内容可参见本章《应收账款》内容。

7. 将企业的资产负债率控制在合理的范围之内，避免负债率过高导致企业资金链断裂。

◆ 三十二、信用风险

信用风险，是指在交易过程中，交易一方到期不履行或无能力履行合同,而给对方造成损失的可能性。

案例

四川长虹从 2001 年 7 月开始将彩电发向海外,由美国 Apex Digital Inc 公司在美国直接提货。然而彩电发出去了,货款却未收回。按照出口合同,接货后 90 天内 Apex 公司就应该付款,否则长虹方面就有权拒绝发货。然而,四川长虹一方面提出对账的要求,却一方面继续发货。

到了 2004 年 12 月 14 日,Apex 共欠长虹 4.72 亿美元货款。四川长虹自此开始了漫长的追讨历程。2005 年 1 月 4 日,长虹进驻 Apex 查账,发现 Apex 拥有的资产远远无法抵补其债务。在 2005 年 4 月,四川长虹披露上市以来的首次亏损,2004 年全年亏损 36.81 亿元,每股收益 -1.701 元。这笔巨额坏账成为长虹集团逐步走向没落的一个导火索。

企业的发展离不开交易,但在交易中如果遭遇对方违约,可能会给企业带来不小的经济损失。虽然法律规定可以通过协商或诉讼方式追究违约方责任,但是协商往往无法达成一致,诉讼又耗时耗力。如果损失不大,很多企业为了避免麻烦选择自认倒霉,吃哑巴亏。就算有些企业选择走司法程序寻求赔偿,往往会遇到另一个难题——执行难。企业拿着一纸胜诉判决,却拿不到应有的赔偿。

开篇案例中长虹集团遇到的困难,正揭示了企业交易中高发的一种信用风险——赊销(即先送货,后收钱)后无法收回货款的情况。Apex 违约无疑,长虹也的确有权要求 Apex 支付货款及违约金。但是 Apex 就是没钱，长虹也拿它没办法。

所以，聪明的企业要防患于未然——与其"被违约"后走上漫长艰难又不一定有结果的讨债之路，倒不如在做交易前就降低信用风险。

联想公司数百亿美元的销售额绝大多数都是通过赊销完成的，但其全球应收账逾期率和坏账率一直都控制得非常低。究其原因，原来早在 1998 年联想就开始建立信用管理部门，将交易风险压缩至最小。联想的成功案例，说明了信用风险是可控的。

那么，企业应该怎么做来控制风险呢？简言之，在交易前慎重选择合作伙伴，在交易中及时跟进债权催收；无法收回借款时及时止损。详细来说，企业可以从以下几方面入手：

建立客户数据库

收集客户信息作为基础数据。包括客户的资本状况、经营运转状况、股东股权情况、财务资产状况、诚信度及美誉度、大额交易信息等。紧密掌握客户经济状况及商誉变化，及时了解客户的履约能力及信用情况。

建立客户信用额度等级管理体系

对客户的信用额度进行评估分级管理，根据客户数据库提供的基础数据、双方历史交易记录等情况，评估客户信用等级，分别授予不同的信用额度。

对客户信用等级动态管理，出现逾期不归还账款情况的，应降低或取消其信用额度；诚信度升高、资产增加的，进行信用评估之后可以适当提高其额度。

对于经常拖欠货款或者美誉度、诚信度低的劣质客户要果断放弃。

建立尽职调查制度

虽然客户数据库可以提供基本信息,但企业在选择重要交易、长期交易、大额赊销交易的合作伙伴前,仍要有针对性地对交易对象展开全面的尽职调查,深入了解并理性评估其企业核心信息,再做出是否合作的决定。

建立债权跟进管理制度

制作应收账款信息一览表,提醒企业手中每一笔应收账款的到期日期;确定每笔债权的跟进及催收工作的负责人,防止责任推诿;定期向债务人发债权催收函,防止债权超过诉讼时效;及时发现债务人异常情况,评估债务人异常对企业债权的影响。如果影响到企业债权实现,应启动催收程序;发现交易方有违约倾向或无法履行合同的可能性,甚至已经出现违约行为,如债务人有破产倾向、出现巨额亏损、被曝抽逃出资、经营情况恶化、丧失商誉、未按期履行合同义务等,企业应立刻收集证据、停止履行合同。

开篇案例中长虹集团就是一个反例,在 Apex 已经明显违约的情况下,长虹仍没有及时停止供货,导致了巨额损失。

风险防范第 32 计

1. 信用风险管理的目标是在力求达到企业销售最大化的同时,将信用风险降至最低。对此销售部门过于激进,财务部门过于保守,有条件的企业最好设立独立部门负责信用风险评估及防范工作。

2. 对赊销客户实行实时监测。一是了解客户发展情况以便于调整客户信用额度；二是以便于第一时间发现坏账倾向并及时取证；三是了解客户资产状况，防止客户违约后为逃避执行而转移资产。

3.将回款责任和逾期回款率纳入销售人员考核范畴，让销售部门参与承担信用责任，促使销售人员理性选择、发展客户。

4.建议企业使用一定的债权保障手段，充分利用信用保险、国际保理服务及其他衍生金融工具防范信用风险。

5.如果遇到交易方恶意违约并拒绝承担责任的情况，可以选择向公安机关报案，举报交易方的行为涉嫌合同诈骗罪。在公安机关的压力下，交易方同意继续履行合同或承担违约责任的可能性大大增加。

◆ 三十三、律师尽职调查

律师尽职调查，是指律师受到委托，在企业股票发行上市、收购兼并、重大资产转让等经济行为中，对企业规模、资产、信用、出资人情况及经济行为法律风险大小等问题进行调查分析，从而给企业提供专业报告作为决策参考的一项法律服务。

案例

2006年4月，中国移动欲以53亿美元收购卢森堡运营商Millicom。5月底，中国移动提出在签订协议之前需对Millicom各国业务进行现场尽职调查。6月中旬，中国移动派出了一个包括15名高级主管、银行家、律师、顾问组成的小组，到Millicom拥有业务的各个国家市场做调查。在经过艰难的尽职调查后，中移动认为并购 Millicom 的实际风险已经超出预期——收购溢价过高、Millicom 负债率过高（87%）、存在政治风险（Millicom 的业务国家中 5 个未与中国建交）、存在管理外国业务及相关管理层困难等。中国移动集团最终决定放弃收购。

企业在经营运作过程中要进行大量经济行为，每一个行为都有可能直接影响到企业的发展与前景。所以，在做出决定，尤其是重大决定之前，企业必须做好充足严谨的调查准备，权衡利弊。企业家不是万能的，更多的时候作为开拓者和领头羊的企业家会提出一个设想，之后交由专业人员或团队去考证设想的可实施性，即进行尽职调查。

尽职调查可以在多个领域同时进行，如法律、财务、税务、人事，乃至环境等。这里我们主要讨论的是律师尽职调查。

律师尽职调查应用领域

我国法律法规明确规定了在证券公开发行上市过程中必须有律师参与，出具律师意见书。但在其他企业重大经济活动中，并未要求必须有律师参与。所以，一些企业只重视财务尽职调查，而忽视了律师尽职调查，结果造成了不必要的损失。

律师尽职调查作为一种风险管理手段，应用领域十分广泛。除证券（股票、债券等）公开发行上市之外，还包括企业收购与兼并、重大资产转让、风险投资、普通中大型项目投资、企业担保和企业融资等活动。通过尽职调查，企业可以详细了解到交易对方的诸多情况，分析与对方进行交易存在的风险，判断是否进行交易、选择交易手段、调整交易价格等，从而掌握交易主动权。

分 则

律师尽职调查目的

律师尽职调查分为两种：没有交易相对方的和有交易相对方的。

没有交易相对方的，一般是企业在证券（股票、债券等）公开发行上市前进行的。主要是企业要求律师针对企业自身是否有资格、有能力进行公开发行上市进行自查，出具法律意见，确保企业上市合法性。

而有交易相对方的，一般是企业在与其他企业进行收购、兼并、合同交易等其他经济活动前进行的。主要目的是要求律师对对方企业进行摸底，判断该经济活动法律风险大小。

律师尽职调查内容

1. 对于拟上市企业，律师尽职调查的内容主要围绕着上市合法性进行，具体包括企业作为发行人主体资格、注册资本及主要财产情况、章程及企业管理运营情况、重大债权债务、重大诉讼仲裁、资产变化、合并分立情况、行政处罚情况等。

2. 当企业欲收购、兼并其他企业，律师尽职调查的内容包括但不限于以下方面：

（1）被收购企业主体合法性。包括企业有无进行年审，有无被吊销、注销等情况，有特殊经营项目企业是否具有合法资质等。

（2）被收购企业资本状况。包括注册资本是否充足、企业资产多少、企业资产有无设定抵押、债权债务情况（企业负债率、坏账率等）、企业资产是否有争议、争议财产走司法途径的胜诉率大小等。

（3）被收购企业交易合同情况。包括所有在收购之后仍继续生效的合同，尤其是大额的或长期生效的合同。要审查这些合同的内容，分析继续履行或不履行这些合同的法律后果。

(4)被收购企业人员情况。要提前考虑收购后工作人员如何安置、是否需要解聘或裁员等,计算如果解除劳动合同将会带来的经济损失。

(5)审查被收购企业公司章程。了解目标公司的运营规则,确保目标公司做出同意收购决策的合法性,保障收购行为无隐患等。

3. 当企业进行其他经济活动,如进行重大交易、担保、投资等活动时,律师尽职调查的内容主要集中在调查交易方企业的诚信度及合同履行能力上。如通过查阅交易方企业近几年来的交易记录、是否有违约情况、诉讼及仲裁记录等,来评估交易方企业诚信度;并审查交易方企业注册资本及企业财产状况,来评估对方履约能力,或在不能履约时的赔偿能力。

律师在尽职调查后,出具详细法律意见,分析某一项目的可行性,提出存在的机遇及风险隐患,为企业下一步做出决策提供了参考和指引。

风险防范第 33 计

1. 企业在进行重大交易之前,应进行尽职调查,在明确交易行为的机遇与风险后进行利弊权衡。尽职调查工作可能同时涉及多方面内容,企业可以成立尽职调查组,由各方面专业人才组成,遇到多重性质的问题时由各方协调沟通解决,全面维护企业利益。

2. 不同的项目,尽职调查的内容及侧重点均有差别。律师在设计尽职调查清单(一份罗列了需要企业提供资料配合律师调查的清单)时,会根据项目自身的侧重点进行调整。企业应积极参与清单的设计,将关注点与律师及时沟通,避免采用统一标准化模板。

3. 在企业上市前进行律师尽职调查时，企业应摆正心态，将企业情况如实告知律师，并在律师的指导下完善相关资料、手续。如果欺骗律师、提供虚假资料，在不符合上市条件的情况下上市，企业可能会面临严重处罚，甚至构成刑事犯罪。

4. 律师尽职调查是一个律师帮助企业发现问题的过程。企业应在律师发现并指出问题时，积极做出回应，寻找解决途径；如果发现问题无法解决、损害无法避免，企业应提早做好应对准备，打有准备之仗；如果发现问题巨大，决策层应慎重考虑是否继续这一项目。

◆ 三十四、债权催收

债权，在广义上是指请求他人做出一定行为的权利。但在本节中，我们讨论的是狭义上的"金钱给付之债"的债权——企业要求债务人（欠款方）给付一定数额款项的权利。债权催收，则是指向债务人行使债权、要求其履行债务的行为。

案例

1998年6月，武汉市口区人民法院判处被告第二面粉厂偿还原告新洲区粮食收储经销公司134.8万元欠款以及银行利息、诉讼费共计150万元，在判决生效后10日内一次性付清。随后，原告向桥口区人民法院递交了强制执行申请，并交纳了2万余元的强制执行费，但因种种原因始终未执行。原告于2001年11月找到一家拍卖行，将150万元折成半价的"标的"公开拍卖法院的判决书和强制执行书。这是我国首例"拍卖判决书"事件。

"拍卖判决书"行为合法性尚存争议，支持者认为是合法债权转让，反对者认为司法文书的严肃性不允许对其进行买卖。我们不讨论其行为性质，只关注企业应该如何避免同样的"悲剧"发生在自己身上。

企业之间存在经济往来，账款拖延是不可避免的，及时进行债权催收是企业的重点工作。但是，不少企业在收债过程中遇到困难，有的是债务人明明有钱不想还，有的则是真没钱。企业的大量账款不能收回，可能导致资金周转困难，甚至造成资金链断裂，带来巨大损失。

本章的主要内容，就是告诉企业应该如何及时、有效地进行债权催收。

企业在什么情况下启动债权催收？

1. 债权到期。双方签署的合同中会规定债务人应何时付款。这个约定的支付时间，就是债权到期时间。如果债务人届时仍未支付或未足额支付，企业就有了对此债务人的到期债权，企业可以随时启动债权催收程序，要求债务人付款。

2. 到期债权超过"信用期"。经常有业务往来的企业之间，往往会给彼此一定期限的"信用期"，也就是对到期债权的宽限期。多数情况下，"信用期"通过默示形式存在。企业在"信用期"内会提醒债务人付款，但不会采取措施。但是，如果债务人收到提醒后，超过"信用期"仍未付款，企业就应引起注意，迅速启动债权催收。

3. 债务人出现债权危机。债权虽未到期，但债务人明确表示或者以自己的行为表明到期无法还钱时，企业应迅速启动债权催收。债务人"明确表示"到期不还钱的情况很少，更多的是企业发现债务人到期极有可能还不上钱。比如：找到确切证据证明债务人由于经营不善或遭受意外出现严重亏损，影响其还债能力；信用度严重下降、毁约率大幅上升；故意转移财产、放弃到期债权等，债务人有这些情况发生或出现这些行为则构成"预期违约"，根据《民法典》第578条规定，一方预期违约的，对方可在履行期限届满前要求其承担违约责任。企业应当及时取证，并立即要求对方履行债务。

债权催收一般包括哪些程序？

1. 债款到期提醒。合同约定的支付账款期限一到，企业就应该对债务人发送提醒。可以通过电话、信函、电子数据等形式进行，要注意保留证据。

2. 协商。债务人超过"信用期"仍没有按时支付账款，此时企业要引起重视，一方面调查债务人未按时履约的真实原因、评估坏账风险、估算坏账损失；另一方面积极与债务人沟通协商，尝试在一定限度内做出让步，尽快收回账款。

3. 仲裁或诉讼。当双方无法协商达成一致，企业可以考虑通过司法途径解决。企业要收集相关证据，比如双方签署的合同、己方已如约履行合同的证据（发货单、对方收货单、标的物样品等）、曾发出的债款到期提醒（如债款催收函）等。

如何有效进行债权催收？

企业家都知道"要债"难，尤其是当对方已经铁了心要赖账时，协商是没有用的，走司法程序很慢又耗费精力，就算胜诉了也可能像开篇案例中的原告一样面临"赢了官司输了钱"的尴尬。那么，如何才能有效地收回账款呢？这里给大家讲几个小技巧。

1. 支付令。当企业与债务人除了这笔账款，没有其他债务纠纷的情况下，企业可向法院申请支付令。支付令送达债务人后，债务人应在 15 日之内或还钱，或向法院提出书面异议（口头异议无效）。如果债务人过了 15 日既没有还钱、又没提出书面异议，企业可以直接向法院申请执行。

很多债务人是法盲，在签收了支付令之后置之不理，或仅仅向送支付令的法院工作人员提出口头异议，过了 15 日，财产就会被法院强制执行来还债了。

2. 财产保全。企业在对债务人提起诉讼之前或诉讼中，为了避免债务人恶意转移财产，可以向法院申请对债务人财产进行保全。保全方式有冻结、查封、扣押等。财产被保全后，债务人便不能动用、更不能转移被保全的财产，这为企业胜诉之后债权得以顺利执行提供了便利条件。

3. 抵销权。如果企业和债务人互负金钱债务，企业的债权已到期，企业可以行使抵销权，将金额相等部分的债务抵销。比如债务人欠企业 100 万元已到期，企业欠债务人 80 万元，企业可以通知债务人抵销 80 万元，要求债务人还款 20 万元。但如果双方互负债务种类不同时，行使抵销权需要双方协商一致。比如债务人欠企业 100 万元工程款已到期，企业在与债务人的另外一个服务购买合同中，欠债务人 20 次清洁维护服务未提供。双方可以协商达成一致，债务人不用还 100 万元，企业也不用去给债务人做清洁维护服务。

4. 撤销权。有的债务人为了逃避还债，与他人勾结，将自己的财产转移到他人名下，使自己变成"空壳"。当企业发现债务人有放弃对他人到期债权、无偿转让财产、以明显不合理低价转让财产等情况，致使债务人财产减少而不能如数还债时，可以请求法院撤销债务人行为，追回财产。

5. 代位权。债务人怠于行使到期债权，影响企业债权实现时，企业可以代债务人去行使债权。

听上去很复杂，举例说明：债务人欠企业 A 账款 100 万元没钱还。此时 A 发现，有另一个企业 B 欠债务人账款 200 万元已到期，但是债务人并没有及时去收账。此时，A 可以向法院请求要求 B 直接向 A 履行债务，将 200 万元欠款支付给 A。

风险防范第 34 计

1. 市面上现存的各类"讨债公司"均属非法机构，委托其讨债没有任何法律保障，其暴力讨债行为一旦涉嫌犯罪，还可能被追究刑事责任，殃及委托人。因此企业必须选择合法催收途径。

2. 在交易合同中设置担保。例如要求后履行合同义务的一方（一般是付款方）提供有雄厚经济基础的保证人，或提供动产、不动产设置质押、抵押等。当债务人不能按时还款，可以追究保证人连带责任，或拍卖质押物、抵押物折现抵债。

3. 对客户"信用期"分级管理。和《信用风险》一章中给客户设置信用等级相同，要分析客户信用级别、设置不同"信用期"，并随着客户经济、信用情况变化及时调整。

4. 向债务人发送《债权催收函》等各类宣示债权的文书时，应要求债务人进行签收，并注意保留。这些都可以作为债务人承认债务存在的证据，也起到中断诉讼时效、防止权利过期的作用。

5. 收到法院支付令之后，如有异议，应在 15 日内向法院提出书面异议。可以请律师来起草相关文书。

6. 密切关注并实时掌握债务人经济、信用情况，了解其资产变化、交易状况，及时发现并制止不利于企业债权实现的违法转移、减损财产的行为。

7. 由于财产调查工作有一定的专业性，建议企业聘请律师进行。一般从以下方面入手：

（1）被告银行账户（资金）；

（2）房地产交易中心（房产、土地）；

（3）车管所（车辆）；

（4）证券登记结算公司（股权、股票、债券及收益）；

（5）国家专利局、商标局（专利权、商标权）；

（6）税务局（纳税情况）；

（7）公司机器设备、货物（现有资产）；

（8）债务人享有的对他人到期债权或应收租金等。

◆ 三十五、债权诉讼时效

债权诉讼时效，是指债权人可以请求法院以强制程序保护其行使债权的法定有效期限。超过这个期限，债权人丧失胜诉权，法院就不能强制要求债务人偿还了。

案例

2018年8月，甲公司与乙公司签订买卖合同，由甲公司在9月1日向乙公司提供一批建材，价款280万元，乙公司在9月30日前将货款支付给甲公司。9月1日，甲公司如约交付了建材，乙公司在9月7日、18日分别向甲公司支付了货款150万元、50万元。2022年3月，甲公司向法院起诉，要求乙公司支付剩余货款80万元及利息。乙公司以甲公司债权已超过诉讼时效为由拒绝支付。

甲公司主张曾在2021年7月向乙公司发出过欠款催收通知，但没有相关证据，乙公司予以否认。

法院经审查，没有发现诉讼时效有中断、中止或延长的情况，于是做出判决，驳回甲公司诉讼请求。

俗话说"欠债还钱，天经地义"，为什么法院不要求乙公司还钱呢？这是因为乙公司超过了"诉讼时效"。

所谓诉讼时效，是指一个持续的时间段，如果权利人超过这个时间段不行使权利，那么法律对这一权利的强制性保护就消失了。诉讼时效制度是为了督促债权人尽快主张权利，如果债权人"躺在权利上睡觉"，那么你的债权"过期不候"。公司之间做买卖、打交道，很多时候债权不能立即实现，为了挽留客户，很多公司都没有及时主张债权。但是如果超过诉讼时效，就面临权利失效的风险。

《民法典》规定，向人民法院请求保护民事权利的诉讼时效期限为3年，法律另有规定的除外。诉讼时效期间自权利人知道或者应当知道权利受到损害及义务人之日起算。但自权利受损之日起超过20年的，不再予以保护。

从上述条文可知我国诉讼时效为3年，即是说权利人连续3年不主张权利，权利不再受保护。那么这3年从何时起算呢？是从"知道或应当知道权利受损及义务人之日"起算。这个说得有点文绉绉，我们举个例子来说明——A向B借钱，约定10天后还钱。

情况1：到了第5天，A明确向B表示不还钱了，那么第5天就是B知道权利受到A侵害之日，3年的诉讼时效从此时起算。

情况2：到了第10天，A没有还钱，B也没要钱。那么第11

天就是B"应当知道"债权受到A侵害之日，3年的诉讼时效从此时起算。

那么，是不是法律对债权的保护仅仅3年这么短暂呢？不是的。对这个"3年"是有要求的，即"持续不行使权利"。法律规定了诉讼时效的中止、中断制度，可以将权利保护期"延长"。

【中止制度】在诉讼时效期间的最后6个月内，因以下障碍不能行使请求权的，诉讼时效中止：

1. 不可抗力；
2. 无民事行为能力人或限制民事行为能力人没有法定代理人的，或法定代理人死亡、丧失民事行为能力、丧失代理权的；
3. 继承开始后未确定继承人或遗产管理人的；
4. 权利人被义务人或其他人控制；
5. 其他导致权利人不能行使请求权的障碍。

从中止时效的原因消除之日起满6个月，诉讼时效届满。

【中断制度】有下列情形之一的，诉讼时效中断，从中断、有关程序终结时起，诉讼时效期间重新计算：

1. 权利人向义务人提出履行请求；
2. 义务人同意履行义务；
3. 权利人提起诉讼或仲裁；
4. 与提起诉讼或仲裁有相同效力的其他情形。

我们举例说明中止和中断制度：假如A从2020年1月1日开始欠B钱。

情况1【一般情况】如果B一直不主张要A还钱，那么到2023年1月1日开始，B的债权诉讼时效就过期了，A就可以不还钱了。

情况2【中止情况】B一直未主张要A还钱,在2022年9月1日忽然地震,导致B受伤昏迷不醒,直到2023年2月1日清醒过来。那么2022年9月1日至2023年2月1日这5个月期间诉讼时效中止。从2023年2月1日开始计算,B还有6个月的时间可以主张权利。如果B不主张,则B的诉讼时效将在2023年8月1日过期。

情况3【中断情况】B一直未主张要A还钱。到2021年5月1日,B向A要债。此时诉讼时效中断。从2021年5月1日开始,重新计算3年诉讼时效。如果此后B再无向A要账,则从2024年5月2日开始,A就不用还钱了;如果此后B又向A要钱,或A承诺还钱,那么诉讼时效再次从要钱或承诺还钱之日起重新计算3年。诉讼时效中断不限次数,每次中断都重新计算,但不能超过20年"最长权利保护期间"。也就是说无论怎么中断,这个要债的权利到2040年1月1日也消失了。

关于"最长权利保护期间",《民法典》规定,自权利受到损害超过20年的,法院不予保护。举例说明:

情况1【权利人不知情】A与B签人身保险合同,受益人是C,约定A死亡后,B向C支付100万元。A死亡后,B没有履行约定向C支付100万元。C并不知情。23年后,C发现了A和B的保险合同,此时已超过权利的最长保护期,B就可以不向C支付这100万元了。

情况2【时效中止超期】A向B借款100万,约定2020年1月1日还钱,到期A未还。2021年9月1日,发生地震,B受伤失忆。如果2045年B清醒过来,想起A还欠自己100万元没还,此时已超过权利的最长保护期,B也不能主张了。

情况3【时效中断超期】A向B借款100万元,约定2020年

1月1日还钱。但到期A没钱可还。于是B从2021年1月1日起，每年1月1日都来向A要债，A每次都说没有钱。等到2040年1月1日时B的债权就过了最长保护期。

权利过期（无论是过诉讼时效，还是过最长权利保护期间）的法律后果，就是债务人可以不还钱了。但是债务人认可还钱的，法院不予干涉。债务人已经还了钱之后又反悔，主张过了诉讼时效，要求债权人返还的，法院不予支持。

风险防范第35计

1. 建议公司设立专人管理、跟进公司债权债务。及时发现每一笔到期债权，及时行使权利，避免超过债权的诉讼时效造成损失。

2. 导致债权诉讼时效中断的方式有很多，比如债权人催债、提起债权诉讼、申请仲裁、申请支付令、主张抵消、申请调解、向国家机关控诉等；或者债务人承认债务、同意履行债务等。出现以上情况时，债权人要注意保留证据。尤其是催债时，尽量采用"通知书"的形式，并要求债务人签字确认。

3. 债权诉讼时效是法律的强制性规定，通过合同对诉讼时效进行延长、缩短、更改或排除的行为无效。

4. 债权人诉讼时效过期，还是可以向法院起诉要求债务人还钱的。法院受理后，如果债务人没有提出诉讼时效的抗辩，那么法官不会提醒，也不会主动适用诉讼时效。

5. 当债权人发现债权已经超过诉讼时效时，可以想办法创造新的债权诉讼时效。比如向债务人发出催债通知，只要债务人表示愿意还钱，诉讼时效就又可以重新起算。这里需要技巧，不能提醒债务人债权过期的事实。为了回避这一问题，可以在催债通知中写明要求债务人在什么时间偿还债务，要债务人签字同意便可"激活"诉讼时效。当然，如果债务人收到催收通知后，以债权诉讼时效已过为由拒绝还款也拒绝签字，那么这个债就可能无法收回了。

6.我国在一些特殊领域规定了特殊时效，比如因国际货物买卖合同和技术进出口合同争议提起诉讼或者申请仲裁的期限为4年。

◆ 三十六、债的担保

债的担保，是指为了保证债权实现，要求他人用其信用或用特定财产进行担保，当债务人不能偿还债务时，由该他人负责偿还，或就担保财产优先受偿。

案例

山东启德置业有限公司（简称"启德"）向鑫海投资有限公司（简称"鑫海"）借款1.15亿元，用于缴纳土地竞买保证金，拍下了济南东部CBD核心地区的三宗国有土地使用权，打算建起"济南第一高楼"。随后，启德又将该三宗土地使用权抵押给鑫海，分两次向鑫海借款3.3亿元和4亿元。这三次借款的期限均为1年，年利率为15.6%。后来，启德1.15亿元、3.3亿元两笔债务分别到期，但启德并未能按约支付本息（只支付利息64.78万元）。鑫海遂认为启德违约，决定提前收回4亿元的贷款，并向法院起诉。法院随后做出判决，要求启德在判决做出十日内偿还鑫海借款本息。但启德却一直未能履行判决。最后，法院公告将启德的三宗土地使用权及地上建筑进行拍卖。鑫海将对拍卖款优先受偿。

怕债务人到期不能还钱？那你在借钱的时候就要留一手。最好的办法，莫过于要求债务人对债务进行"担保"。《民法典》规定，"担保方式分为保证、抵押、质押、留置和定金"。在企业资金拆借、赊销等延期实现债权的情况下，最常用的担保就是保证、抵押和质押。

那么，什么是保证、抵押、质押？他们分别是如何规定的？又应如何行使担保权利呢？我们来看一下法律上的规定。

（一）保证

定义

指保证人与债权人约定，当债务人不能履行债务或出现双方约定的情况时，保证人负责履行债务或承担责任。保证人承担责任后，可以向债务人追偿。

相关法律规定

1. 主体限制

国家机关、居民委员会、村民委员会，以公益为目的的非营利法人、非法人组织（学校、幼儿园、医院等），未经法人书面授权的分支机构、法人职能部门不能作保证人。

如果违反主体限制，可能导致担保合同无效，债务人、保证人、债权人有过错的，应当根据其过错各自承担相应的民事责任：

（1）债权人与担保人均有过错的，担保人承担的赔偿责任不应超过债务人不能清偿部分的二分之一；

（2）担保人有过错而债权人无过错的，担保人对债务人不能清偿的部分承担赔偿责任；

（3）债权人有过错而担保人无过错的，担保人不承担赔偿责任；

（4）主合同无效导致担保合同无效，担保人无过错的，担保人不承担赔偿责任；担保人有过错的，其承担的赔偿责任不应超过债务人不能清偿部分的三分之一。

2. 保证方式

【一般保证】只有在债务人不能履行债务时，保证人才承担责任。在债权人与债务人的主合同纠纷未经审判或仲裁，并就债务人财产依法强制执行仍不能履行债务之前，保证人可以拒绝承担担保责任。但有下列情形除外：

（1）债务人下落不明，且无财产可供执行；

（2）法院已受理债务人破产案件；

（3）债权人有证据证明债务人财产不足以履行全部债务或丧失履行能力；

（4）保证人书面放弃权利。

【连带保证】保证人与债务人对债务承担连带责任。当主合同到期债务人不还钱，债权人可以要求债务人还钱，也可以要求保证人承担担保责任。

由此可见，对保证人来说，连带保证的责任比一般保证更重。《民法典》规定，保证合同中当事人没有明确约定保证方法的，应认定为一般保证责任。

3. 保证范围

保证合同中有约定的，从其约定；没有约定的，包括主债权、利息、违约金、损害赔偿金及实现债权的费用。

4. 保证期间

即保证人承担保证责任的期间。保证合同中有约定的，从其约定；没有约定或约定不明的，保证期间为主债务履行期限届满之日起 6 个月。

保证合同约定"保证人承担保证责任直至主债务本息清偿时为止"等类似约定，视为约定不明，保证期限为 6 个月。

一般保证的债权人没有在保证期间内对债务人提起诉讼或仲裁的，保证人不再承担保证责任；连带保证债权人没有在保证期间内请求保证人承担保证责任的，保证人不再承担保证责任。

保证期间不发生中止、中断和延长。

5. 保证人追偿权

保证人承担保证责任后，除另有约定外，有权在其承担保证责任的范围内向债务人追偿。

（二）抵押

定义

不转移对财产的占有，将该财产作为债权的担保。债务人不能履行债务或出现双方约定实现抵押权的情况时，债权人有权就该财产优先受偿。

相关法律规定

1. 债务人或第三人有处分权的下列财产可以抵押：

（1）建筑物和其他土地附着物；

（2）建设用地使用权；

（3）海域使用权；

（4）生产设备、原材料、半成品、成品；

（5）在建建筑物、船舶、航空器；

（6）交通运输工具；

（7）其他。

2. 浮动抵押

企业、个体工商户、农业生产经营者可以将现有的及将有的生产设备、原材料、半成品、成品抵押，当债务人不履行到期债务时，债权人有权就抵押财产确定时的动产优先受偿。

"浮动抵押"看上去抵押的财产与第1条的（4）很像，实则不同。"浮动抵押"的特色是在设立抵押时，具体的抵押财产有哪些是未知的，抵押财产在债务人不能履行到期债务或其他原因导致抵押权实现的时候，才能确定下来一共有哪些财产可以用来折价、拍卖。而第1条的（4），在设立抵押时就已经明确了具体抵押财产有哪些。为了方便理解，这里举两个例子：

第一种情况：甲是一家生产拖鞋的公司，由于缺钱，把公司现有的所有拖鞋原材料、已经生产出来的拖鞋及生产拖鞋的机器设备（总共估价400万元），抵押给某贷款公司乙，乙借给甲300万元。抵押设立后，甲未经乙同意，就不能再买卖这些拖鞋材料、拖鞋和设备了。当甲到期还不上债时，乙可以请求法院把这些东西拍卖掉，从拍卖款中受偿。这就是·(4)的意思，也是动产抵押的情况。

第二种情况：还是甲向乙抵押贷款，但他选择了"浮动抵押"的形式。办理了抵押登记、拿到了乙的300万元借款之后，甲可以继续生产、买卖他的拖鞋，还可以为了提高生产质量而买卖、更新机器设备，甚至可以把拖鞋原材料全部卖掉转行生产袜子。当乙的贷款到期了，甲该还钱了，但是由于行情不好还不上钱，乙要求实现抵押权。这时，甲的所有财产被冻住了，他新买的机器设备、生产的袜子、生产袜子的原材料等所有财产都成了抵押物。乙可以申请法院把这些抵押物拍卖，实现其债权。这就是浮动抵押。

看得出，浮动抵押更有利于企业生产经营，企业不会因为财产上设置了抵押而束手束脚。

3.抵押权设立条件，分两种情况：

（1）抵押合同生效时设立。动产抵押、浮动抵押、交通运输工具抵押等，抵押权自抵押合同生效时设立。未经登记的抵押权无法对抗善意第三人。

即是说，双方签订了抵押合同，抵押权就设立了。当债务人不还钱时债权人就可以行使抵押权要求就抵押物优先受偿了。但是，如果抵押权没有去相关部门进行登记，抵押权对不知情的第三人就没有约束力，如果债务人隐瞒实情把抵押物出售给不知情的第三人，债权人就不能要求对该抵押物行使抵押权了，因为抵押物已经是第三人的合法财产了。

所以，正确的做法就是在设立抵押权之后去相关部门登记。登记之后，哪怕债务人把抵押物卖给不知情的第三人，债权人也可以以"抵押权已登记公示"为由，对被转让了的抵押物行使抵押权。第三人只能自认倒霉，去找债务人赔偿损失了。

那么有人会问，什么是有关部门？动产抵押、浮动抵押的，去市场监督管理部门办理登记；车辆抵押的，去车管所登记。

（2）抵押权登记时设立。用土地使用权、土地承包经营权、建筑物（包括在建的和已建成的）做抵押的，抵押权自登记时设立。也就是说，哪怕双方已经就土地使用权、土地承包经营权或建筑物抵押签订了合同，如果没有进行登记，抵押权就是未生效的，相当于没抵押。

所以，土地使用权、土地承包经营权、建筑物的抵押必须要到土地管理部门、房地产管理部门进行登记。

4.抵押权设立的效果

（1）《民法典》规定，抵押期间，抵押财产可以转让，抵押权不受影响，但是抵押人应当及时通知抵押权人。也就是说，即使抵押人把抵押物卖出去了，将来抵押权人仍然可以就抵押物实现权利。所以必须及时通知抵押权人，一是抵押权人要知道抵押物被卖给谁了，以后要实现抵押权的时候得能找得到抵押物；二是如果抵押权人能够证明转让行为可能损害抵押权的，可以请求抵押人将转让款提前偿债或提存。

在《民法典》生效以前，已经设立抵押的财产，未经抵押权人同意是不得转让的。《民法典》的新规定，促进了财产的流通，即使财产上设立了抵押，仍然可以自由流动，但是流动不能影响抵押权人的权利。

当然，抵押合同中亦可约定"抵押财产不可转让"或"转让必须经过抵押权人同意"等条款，约定大于法定。

（2）设立浮动抵押的，债务人仍然可以为了进行正常生产经营而处分财产，但不得恶意减损财产。

（3）由于抵押后，抵押财产仍处于抵押人的控制下。当抵押权人发现抵押人的行为导致抵押财产价值减损的，可以要求抵押人停止减损行为、恢复抵押物价值或提供相应价值的担保。如果抵押人拒绝，抵押权人可以要求债务人提前还款。

这一条规定是对债权人抵押权的保护。例如，甲为了借钱把轿车抵押给乙，后乙发现甲用轿车拉货经常碰撞导致轿车变旧、发动机受损，起码造成轿车5万元的价值损失。乙可以要求甲不准再用轿车拉货，并要求甲修复轿车或再提供价值5万元的担保。如果甲又不修车又不提供担保，乙可以要求甲提前还债。

5.抵押权的实现

（1）当债务人到期不能如约还债，或出现其他抵押合同中规定的情况时，抵押权人可以与抵押人协商，将抵押物折价，或拍卖、变卖后用价款支付债务。

（2）如果双方无法达成协议，抵押权人可以起诉，请求法院拍卖、变卖抵押财产。

（3）如果同一抵押物上有数个抵押权，按以下顺序清偿：

A、抵押权均登记的，按照登记先后顺序受偿；

B、登记抵押权优先于未登记抵押权受偿。

C、抵押权均未登记的，按债权比例清偿。

6."流押"条款无效：抵押权人在债务履行期限届满前，与抵押人约定债务人不履行到期债务时抵押财产归债权人所有的，约定无效，只能依法就抵押财产优先受偿。

（三）质押

定义

将动产出质给债权人占有，当债务人不履行到期债务或出现双方约定实现质权的情况时，债权人就该动产优先受偿。

相关法律规定

1. 质押财产分类：

（1）动产；

（2）权利——汇票、本票、支票；债券、存款单；仓单、提单；可以转让的基金份额、股权；可以转让的注册商标专用权、专利权、著作权等知识产权中的财产权；现有的以及将有的应收账款等。

2. 质权设立条件，分两种情况：

（1）交付设立。动产质押、汇票、本票、支票、债券、存款单、仓单和提单质押的质权,自动产或权利凭证被交付给质权人时设立。即是说,双方签订质押合同时质权并未生效,只有当出质人将质物(动产或权利凭证)交给质权人时,质权才生效。

(2)登记设立。用股份、股票、基金份额、股权、债权、知识产权中的财产权、应收账款或没有权利凭证的权利出质的,质权自办理出质登记时生效。

3.设置质权的效果

(1)动产、票据出质后,质物处于质权人控制之下,出质人丧失对质物的占有。

(2)权利出质后,未经质权人同意不得转让;知识产权(包括商标专用权、著作权、专利权)中的财产权出质后,未经质权人同意不得转让或许可他人使用。

(3)质权人同意转让的(或许可他人使用的),将转让所得的转让费(许可使用费)提前清偿债务,或提存。

4.质物有毁损可能,足以危害质权人权利的,质权人可以要求出质人提供相应担保。出质人不提供,质权人可拍卖或变卖质物,并与出质人协议将价款提前清偿债权或提存。

质权人不妥善保管质物,导致质物毁损的,质权人应承担责任。尚未造成质物毁损,但可能造成质物毁损的,出质人可以要求质权人将质物提存,或要求提前清偿债权而返还质物。

5.质权的实现

当债务人到期不能偿还债务,或出现了其他合同中约定的实现质权的情形,双方可以协商,将动产折价,或通过拍卖、变卖质物获得价款,对债权人进行清偿。

6."流质"条款无效:质权人在债务履行期限届满前,与出质人约定债务人不履行到期债务时质押财产归债权人所有的,约定无效，只能依法就质押财产优先受偿。

7. 某财产上既设有抵押权，又设有质权，拍卖、变卖该财产所得价款按照登记、交付的时间先后确定清偿顺序。

风险防范第 36 计

1. 建议企业在赊销中，或借款给其他企业时，都要求合同相对方提供担保，并按照法定程序进行登记，在无法收回货款或借款时，可以要求保证人还款，或就担保财产行使权利，减小企业损失。另外，针对同一债务可以设立多种形式的担保——既设置保证人，又设置抵押、质押，全方位保护债权。

2. 要谨慎合同交易方提供的抵押物上是否有其他抵押权。因为同一抵押物上可以有几个抵押权，抵押物变价款按登记顺序逐一偿付。在评估抵押物时要扣除在先的抵押数额。

3. 在企业买房产、受让土地使用权、收购其他企业时，要警惕该房产、该土地使用权、该被收购企业是否带有登记过的抵押权（房产抵押权、土地使用权抵押权、浮动抵押权）。要到相关部门进行查询，以规避可能带来的风险。

4. 跟进管理他人提供的抵押物、本企业提供给他人的质押物，及时发现并制止抵押物的债务人、质押物的债权人恶意损害抵押物、质押物价值的行为，避免债务人、债权人私自处分抵押物、质押物。

5. 法律禁止"流质""流押"。及时双方合同中约定了流质或流押条款，出现了债权未清偿的情况时，债权人都只能按照法定的程序实现质押、抵押权——折价，或拍卖、变卖后就变价款优先受偿。

分 则

文书模板部分

婚姻财产协议模板(分别财产制)

男方:
女方:
　　男女双方于　　年　　月　　日在　　省(直辖市/自治区)　市　　区(县)人民政府民政部门办理结婚登记手续。双方约定婚后采取分别财产制,各自的婚前财产以及婚后获得的财产,均归各自一方所有。为防止今后可能出现的婚姻财产纠纷,现经协商一致,自愿就双方目前财产状况达成如下协议:
　　一、确认双方婚前财产范围:
　　经过双方共同清点和协商,对双方婚前财产范围约定如下:
(一)男方的婚前个人所有财产:
1、房屋:座落于　　,建筑面积为　　平方米的房屋一套,房产证号　　　　。
2、车、船、飞机:登记于　　名下的　　牌　型号　　。
3、银行存款:户名为　　的　　　银行存款人民币　元。
4、保险:　　　公司承保的单号为　　　　的保单,保险的现金价值为　　　,保额为　　　。
5、股权:　　公司(统一社会信用代码　　　)　%的股权,股权购入价　　现市场价值为　　　。

6、股票、证券：【附清单，写明名称、数量、购入价、市价。】

7、其它男方个人财产【附清单,写明名称、数量、购入价、市价。】

8、财产性权利：【知识产权、信托受益权、债权等】

（二）女方的婚前个人所有财产：

1、房屋：座落于　　　，建筑面积为　　平方米的房屋一套，房产证号　　　　　　　。

2、车、船、飞机：登记于　　　名下的　　牌　　型号　　　。

3、银行存款：户名为　　　的　　　银行存款人民币　　元。

4、保险：　　　　公司承保的单号为　　　　的保单，保险的现金价值为　　　　，保额为　　　　。

5、股权：　　　公司（统一社会信用代码　　　）　％的股权，股权购入价　　　现市场价值为　　　　。

6、股票、证券：【附清单，写明名称、数量、购入价、市价。】

7、其它男方个人财产【附清单,写明名称、数量、购入价、市价。】

8、财产性权利：【知识产权、信托受益权、债权等】

二、关于婚后双方取得的财产归属：

（一）双方婚后各自获得的工资、奖金、公积金、社保基金、生产、经营收益，知识产权的收益，接受继承或赠与所得的财产，保险理赔款、通过信托或家族基金会获得的财产，归各自所有，属于个人财产。

（二）双方用其个人财产购买的不动产、车、船、航空器、股票、证券、公司股权、保险、贵重动产等，均属于个人财产。

（三）双方共同出资购买的财产权利归属：

1.全款购买的房屋：座落于　　　　　　，建筑面积为　平方米的房屋一套，现登记于　　名下，双方约定该房产属于

A.男方个人财产　B.女方个人财产　C.双方按份共有：其中男方

占　　%，女方占　　%

2. 贷款购买的房屋：座落于　　　　　　　，建筑面积为　　　平方米的房屋一套，现登记于　　　名下，双方约定该房产属于

A. 男方个人财产　B. 女方个人财产　C. 双方按份共有：其中男方占　　%，女方占　　%

关于该房产的贷款：以　　名义申请的贷款，贷款总金额　　元【本金　　元，年利率　　　，还款方式　　　】，该贷款为

A. 男方个人债务　B. 女方个人债务　C. 双方共有债务：其中男方占　　%，女方占　　%。

3. 汽车／船舶／航空器：登记于　　　　名下的　　牌／型号　　　。双方约定双方约定该财产属于

A. 男方个人财产　B. 女方个人财产　C. 双方按份共有：其中男方占　　%，女方占　　%

4. 保险：以　　　为投保人、　　　为被保险人，　　　为受益人的由　　　　公司承保的保险合同（保单号为　　　），保费合计　　元。双方约定双方约定该财产的现金价值属于

A. 男方个人财产　B. 女方个人财产　C. 双方按份共有：其中男方占　　%，女方占　　%

根据保险合同条款获得的保险理赔款或保险金，属于

A. 男方个人财产　B. 女方个人财产　C. 双方按份共有：其中男方占　　%，女方占　　%

5. 信托：双方共同出资，与　　　　　公司签订信托合同（合同编号为　　　　　），以　　　　为受益人的信托。双方共同行使委托人的一切权利，做出任何决定、向

信托公司发出任何指令,均需要双方共同签字,如果双方无法达成一致,则撤销信托。返还的信托财产,属于
A. 男方个人财产   B. 女方个人财产   C. 双方按份共有:其中男方占　　%,女方占　　%。

6. 股权:双方共同出资购买的　　　　　　　公司　　　% 的股权,登记在　　　　　名下。依据该股权而取得的分红等收益,属于
A. 男方单独所有   B. 女方单独所有   C. 双方按份共有:其中男方占　　%,女方占　　%。该股权中的人身性权利(表决权等参与公司决策管理的权利)属于　　　　　(登记人)所有,另一方不参与公司运营管理,亦无权对股权中的人身性权利主张权利。如双方离婚,该股权不作变更登记,但另一方有权选择持续请求分割股权收益,或由登记人一次性支付补偿款　　　　　元。

7. 贵重动产:
　　列清贵重动产是什么、由谁持有使用、归谁所有。

8、知识产权:
(1)著作权:　　　　出版社出版的,双方合作完成的　　　(书名),著作权由　　　享有。
A. 男方   B. 女方   C. 双方
依据该著作权而取得的财产性收益,属于
A. 男方单独所有   B. 女方单独所有   C. 双方按份共有:其中男方占　　%,女方占　　%。
该著作权中的人身性权利(署名权、修改权等)属于　　　　(著作权人)所有。
(2)专利权:双方合作取得的专利号为　　　　专利权人为　　　的专利权由　　　享有。

A. 男方 B. 女方 C. 双方

依据该专利权而取得的财产性收益，属于

A. 男方单独所有 B. 女方单独所有 C. 双方按份共有：其中男方占　　%，女方占　　%。

　　该专利许可权属于　　　　　　（专利权人）所有。另一方不得对该专利进行许可他人使用。如双方离婚，另一方有权选择持续请求分割专利许可收益，或由专利许可权人一次性支付补偿款　　　　元。

（3）商标权：双方设计的商标　　　　商标权人为　　　　的商标权由　　　享有。

A. 男方 B. 女方 C. 双方

依据该商标权而取得的财产性收益，属于

A. 男方单独所有 B. 女方单独所有 C. 双方按份共有：其中男方占　　%，女方占　　%。

该商标许可权属于　　　　　　（商标权人）所有。另一方不得对该商标进行许可他人使用。如双方离婚，另一方有权选择持续请求分割商标许可收益，或由商标权人一次性支付补偿款　　　　元。

9、尚未产生的，以后可能产生的，双方共同出资购买的财产的权利分配原则：除双方明确约定为一方单独所有，或双方有明确的赠与意思表示外，均按照出资比例按份共有。

10、双方均可自愿将个人财产赠与对方，对方接受赠与后，该财产即属于受赠方的个人财产。

三、共同生活基金设立

1、每月男方支付　　　元，女方支付　　　元作为共同生活基金，该基金由　　　方代为管理，基金账户户名：　　　开户行：　　　　。双方每月　　日前将生活基金存入该账户。

2、生活基金用于双方日常衣、食、住、行开销。包括：生活消费；子女教育；家庭成员医疗；家庭旅游、活动、社交消费；双方购买化妆品、衣物首饰（单价　　　元以下）、美容美体健身服务等。

3、双方均可自愿将个人财产赠予生活基金。

4、经一方同意，另一方可缓交、免交生活基金。

5、经一方同意，另一方可向生活基金借款。但应当记账，并在一年内还款。

6、如双方离婚，双方对生活基金有债务的，应先对予以偿还，偿还后确认生活基金总金额，再按照以下方式分割：

（1）双方均无明显过错，和平离婚的，剩余生活基金按以下方式分割

A 全部归男方；B 全部归女方；C 双方按固定比例分配，男方　%，女方　%

（2）一方出现《民法典》第1091条等原因、出现与婚外第三人不正当关系等原因导致婚姻破裂的，剩余生活基金按以下方式分割

A 全部归无过错方；　B. 固定比例分配，无过错方　%，过错方　%

四、损害赔偿责任：

1、经过男女双方共同协商，因一方出现《民法典》第1091条等原因导致婚姻破裂的，过错方同意：

（1）如无过错方要求离婚，过错方应当同意；

（2）双方按照本协议之规定区分双方各自名下财产；

（3）过错方以其个人名下财产为限，向无过错方支付赔偿金　　　元。如无足够现金，经双方协商可以等值房产充抵债务。房产价值的确定以在　　　　　查询到的市价为准。

分　则

赔偿金应于双方婚姻关系正式解除之日起　　　日内支付。
如以房抵债的，过户手续应在双方婚姻关系正式解除之日起
　　　日内办理。

（4）子女抚养权：双方育有　　　（姓名），由　　　直接抚养
A 男方　B.女方　C.过错方
非直接抚养一方应支付抚养费，抚养费按　　　支付，标准
为　　，应于　　　　　前支付。
一方因与婚外第三人不正当交往，导致双方感情破裂的，应当视
为《民法典》第1091条第（五）项规定的"重大过错"，适用上
述约定。

2.双方均不得不当使用共同生活基金，亦不得损害对方个人财产。
如果有侵害共同生活基金或对方个人财产的行为，应当就其造成
的损害部分进行赔偿，并额外支付对方赔偿金　　　元，赔偿金
作为对方的个人财产。

五、债权债务条款：

1、鉴于双方采用分别财产制，故双方对外无共同债权债务关系。
双方均对各自名下的债权债务由各自独立享有债权和独立承担债
务。

2、任何一方不得私自以另一方的名义对外承担债务。

3、一方以个人名义对外负债时，应当向债权人披露本《婚姻财产
协议》，告知债权人双方采取分别财产制约定，彼此不对对方债
务承担任何法律责任。

4、因一方伪造共同债务或未按约定向债权人披露《婚姻财产协议》
导致另一方被以夫妻共同债务为由追究还款责任的，对于另一方
承担的部分有权进行全额追偿，并以造成损失的100%为限主张损
害赔偿责任。

5、如双方以夫妻名义共同对外发生借款，双方应当共同在借款协议上签字确认借款事实，并与债权人约定夫妻双方的还款责任。如果夫妻双方承担按份还款责任的，夫妻双方应以各自的个人财产按照借款合同中确认的比例承担还款责任；如果双方承担连带责任的，除双方有约定外，双方各自承担50%的还款责任，一方可就其超过约定向债权人偿还的部分向另一方进行追偿。

六、争议条款：

本协议未尽事宜，或者因签定本协议时的客观情况发生重大变化产生争议，由男女双方共同协商签定补充协议，补充协议与本协议具有同等法律效力。

因执行或履行本协议，以及因本协议产生的任何争议，由双方在互谅互让的基础上共同友好协商解决，如协议解决不成，男女双方任何一方均可向合同签订地法院提起诉讼。

七、文本条款：

本协议一式三份，男、女双方各持一份，并自愿决定是否提交婚姻登记机关存档一份，三份协议具有同等法律效力，在双方签字或盖章后生效。婚姻登记机关存档协议，办理相应手续仅具备案性质。

男　方：　　　　　　女　方：
身份证号码：　　　　身份证号码：
联系电话：　　　　　联系电话：
签订日期：　　　　　签订日期：

分　则

离婚协议书模板

男方：
女方：

　　男、女双方于____年____月____日在____市____区办理结婚登记，现因性格不合，致使夫妻感情确已破裂，已无和好可能，经双方协商自愿离婚，双方同意解除婚姻关系，并对子女抚养、财产及债务分割订立本离婚协议，以资共同遵守。

一、子女抚养

1. 双方育有一____【子/女】，姓名_____，身份证号_____。双方一致同意该子女的直接抚养权归___所有。

2. 任何一方主张变更直接抚养权的，双方可协商，经协商一致同意变更的，办理变更公证及变更手续；如无法达成一致，可向有管辖权的法院提起抚养权变更诉讼。在双方未就变更事项达成一致或者法院做出变更抚养权的生效裁判文书之前，子女应当归抚养，跟随____生活。抚养人应当履行审慎义务，不得侵害子女合法权益。另一方应当尊重抚养人的抚养权，不得以强制手段争夺子女或对抚养人进行骚扰。

3. 双方领取离婚证之日起____日内，双方共同将子女户口迁移至名下，并将子女的全部身份文件交由抚养人保管。

4. 双方确认，非直接抚养方每月支付子女固定抚养费____元，于每月的____日前支付，直至子女完成全日制学历为止。如子女有超出日常的教育、医疗等特殊需要导致的大额支出，非直接抚养方应当在支付固定抚养费之外，额外承担由此产生费用的____%，该费用应当在发生后30日内向直接抚养方支付。

"超出日常的教育、医疗等特殊需要导致的大额支出"包括但不限于以下内容：

（1）兴趣班、辅导班、夏（冬）令营、旅游及其他因生活、学习所需一次性支出超过当月固定抚养费标准的；

（2）因突发疾病发生的医疗费用，在使用社会医疗保险或商业保险理赔后仍超过当月固定抚养费标准的。如在保险理赔前需要提前垫付费用，则双方均有义务垫付医疗费。在保险理赔后，如有返还部分，则由直接抚养人按＿＿％退还另一方。

5. 非直接抚养方每个月可以在不影响子女学习、生活的情况下，探望子女＿＿＿次。探望需提前＿＿＿日通知直接抚养方，双方协商接送子女的具体时间及方式。直接抚养方应当配合探望，如无正当理由连续3次拒绝探望，视为恶意阻止探望，应承担不利法律后果。

6. 非直接抚养方探望子女应当尊重子女意愿，子女有权自主决定是否接受探望。如子女明确拒绝探望，非直接抚养方不得强行对子女进行骚扰，或以拒绝支付抚养费相要挟。如非直接抚养方的探望影响子女的身心健康，应承担不利法律后果。

7. 直接抚养方不得私自决定给子女更改姓名。如需更改姓名，需要父母双方协商同意。

二、财产分割

（一）以下是男方婚前个人财产，归男方所有：

1. 房产：登记在＿＿＿名下的，位于＿＿＿＿市＿＿＿＿区＿＿＿＿的房产（房产证号为：＿＿＿＿＿＿）。

2. 车辆、船舶、航空器：登记在＿＿＿＿＿名下的＿＿＿牌＿＿＿型号的＿＿＿＿＿＿。

3. 银行存款：户名为＿＿＿＿＿的＿＿＿＿银行存款人民币＿＿＿＿＿元。

4. 保险：＿＿＿＿＿＿公司承保的单号为＿＿＿的保单，保险的现金价值为＿＿＿＿＿，保额为＿＿＿＿＿。5、股权：＿＿＿＿＿＿公司（统一社

分　则

会信用代码_____）___%的股权，股权购入价_____现市场价值为_____。

6.股票、证券：【附清单，写明名称、数量、购入价、市价。】

7.其它男方个人所有的大额动产【附清单,写明名称、数量、购入价、市价。】

8.财产性权利：【附清单，知识产权、信托受益权、债权等】

（二）以下是女方婚前个人财产，归女方所有：

1.房产：登记在_____名下的，位于_____市_____区____的房产（房产证号为：_____）。

2.车辆、船舶、航空器：登记在_____名下的_____牌____型号的_____。

3.银行存款：户名为_____的_____银行存款人民币_____元。

4.保险：_____公司承保的单号为_____的保单，保险的现金价值为_____，保额为_____。5.股权：_____公司（统一社会信用代码_____）_____%的股权，股权购入价_____现市场价值为_____。

6.股票、证券：【附清单，写明名称、数量、购入价、市价。】

7.其它男方个人所有的大额动产【附清单,写明名称、数量、购入价、市价。】

8.财产性权利：【附清单，知识产权、信托受益权、债权等】

（三）双方于婚后取得的以下财产为夫妻共同财产，双方一致同意按以下约定进行分割：

1.全款购买的房屋：座落于_____，建筑面积为____平方米的房屋一套（房产证号_____），现登记于_____名下，双方约定该房产属于_____所有，双方应自婚姻关系正式解除之日起30日内在不动产登记管理部门进行变更登记。变更登记产

225

生的一切税费等相关费用，由_____承担。_____需向_____支付补偿款_____元，该补偿款应于_____支付。

2. 贷款购买的房屋：座落于_____，建筑面积为_____平方米的房屋一套（房产证号_____），现登记于_____名下，双方约定该房产属于_____所有，双方应自婚姻关系正式解除之日起30日内在不动产登记管理部门进行变更登记。变更登记产生的一切税费等相关费用，由_____承担。_____需向___支付补偿款_____元，该补偿款应于_____支付。

该房产现有贷款【债权人为_____，借款合同编号_____，贷款本金____元,年利率____,还款方式_____。已还款____元,该贷款目前状态正常，尚欠贷款本金_____元】，该贷款系以____名义办理。关于该贷款，双方确认由_____负责偿还，属于___个人债务。如____因拖欠贷款导致_____对贷款承担连带清偿责任，则_____应当承担一切法律责任，向_____赔偿损失，并支付实际损失100%的违约金。

3. 汽车/船舶/航空器：登记于_____名下的____牌/____型号____。双方约定双方约定该财产属于_____所有，双方应自婚姻关系正式解除之日起30日内在相关部门进行变更登记。_____需向____支付补偿款____元，该补偿款应于_____支付。

4. 保险：以_____为投保人、_____为被保险人，_____为受益人的由_____公司承保的保险合同（保单号为_____），保费合计____元，该保险现金价值____元。双方约定，将保险的受益人变更为____，该保险作为____的个人财产，____需向_____支付补偿款_____元，该补偿款应于_____支付。

如果是给子女投保的，双方可约定：将保险的受益人变更为子女本人，双方应当继续按照保险合同的约定支付保费，保费由双方

分　则

按照男方＿＿＿％，女方＿＿＿％的比例承担。

5. 信托：双方共同出资，与＿＿＿＿＿＿公司签订信托合同（合同编号为＿＿＿＿＿＿＿），以＿＿＿＿＿＿为受益人的信托。双方共同行使委托人的一切权利，做出任何决定、向信托公司发出任何指令，均需要双方共同签字，如果双方无法达成一致，则可按照合同约定撤销信托，对于返还的信托财产，双方按照＿＿＿％，女方＿＿＿％的比例分割。

6. 股权：双方共同出资购买的＿＿＿＿＿＿＿公司（社会统一信用代码＿＿＿＿＿＿）的＿＿＿％的股权，登记在＿＿＿＿＿＿名下。关于股权，双方协议选择以下方式分配：＿＿＿＿＿＿

A. 不做变更登记，由登记的一方行使股东权利，需向另一方支付补偿款＿＿＿＿＿元，该补偿款应于＿＿＿＿＿＿＿支付。

B. 不做变更登记，由登记的一方行使股东权利。但基于该股份获得收益的权利由双方按男方＿＿＿＿＿％，女方＿＿＿＿＿％的比例分割。未登记一方不享有除收益权以外的任何股东权利，不参与公司经营管理。

C. 变更登记，将所持股权的＿＿＿＿％变更至＿＿＿＿＿＿名下。双方共同按照公司章程行使股东权利。变更股权产生的一切费用由＿＿＿＿＿＿承担。

7. 贵重动产：

以列表方式注明贵重动产是什么，归谁所有。应于婚姻关系正式解除之日起 30 日内完成交接。

8. 知识产权：

（1）著作权：＿＿＿＿＿＿＿出版社出版的，由＿＿＿＿完成的＿＿＿＿＿＿＿（书名），著作权由＿＿＿＿＿享有。依据该著作权而取得的财产性收益，由＿＿＿＿享有。另一方可以选择：一次性支付补偿款＿＿＿＿元，该补偿款应于＿＿＿＿＿＿支付；或按男方＿＿＿＿＿％，女方＿＿＿＿＿％的比例持续分割依据该著作权而取得的财产性收益。

（2）专利权：一方取得的或双方合作取得的专利号为＿＿的、专利权人登记为＿的专利权由＿＿享有。依据该专利权而取得的财产性收益，由＿＿＿享有。另一方可以选择：一次性支付补偿款＿＿＿＿元，该补偿款应于＿＿＿＿＿＿支付；或按男方＿＿＿％，女方＿＿＿＿＿％的比例持续分割依据该专利权而取得的财产性收益。

（3）商标权：商标权人登记为＿＿＿＿＿的商标权由＿＿＿＿享有。依据该商标权而取得的财产性收益，由＿＿＿＿＿＿享有。另一方可以选择：一次性支付补偿款＿＿＿＿＿元，该补偿款应于＿＿＿＿＿＿＿支付；或按男方＿＿＿＿％，女方＿＿＿＿＿％的比例持续分割依据该商标权而取得的财产性收益。

9.现金及存款：

双方共同确认：截至本协议签署时，男方名下现金及存款情况如下：

（1）存款合计＿＿＿元，其中个人财产部分＿＿＿＿元，共同财产部分＿＿＿元。

（2）公积金合计＿＿＿＿元，其中个人财产部分＿＿＿＿元，共同财产部分＿＿＿＿＿元

（3）社保合计＿＿＿＿＿元，其中个人财产部分＿＿＿＿元，共同财产部分＿＿＿＿元

（4）现金合计＿＿＿＿元，其中个人财产部分＿＿＿＿＿元，共同财产部分＿＿＿＿元

女方名下现金及存款情况如下：

（1）存款合计＿＿＿＿元，其中个人财产部分＿＿＿＿元，共同财产部分＿＿＿＿元

（2）公积金合计＿＿＿＿＿元，其中个人财产部分＿＿＿＿元，共同财产部分＿＿＿元

（3）社保合计＿＿＿＿元，其中个人财产部分＿＿＿＿元，共同财产部分

_____元

（4）现金合计_____元，其中个人财产部分_____元，共同财产部分_____元

经计算，男方名下属于共同财产的现金及存款为_____元；女方名下属于共同财产的现金及存款为_____元。双方约定，保持各自名下现有现金及存款，由_____向_____支付补偿款_____元，该补偿款应于_____支付。

10. 基金/理财产品

双方共同确认：截至本协议签署时，男方名下股票、证券、基金、理财产品持有情况如下：【列表】；女方名下股票、证券、基金、理财产品持有情况如下：【列表】

双方约定，保持各自名下现有股票、证券、基金、理财产品，由___向___支付补偿款_____元，该补偿款应于_____支付。

11. 贵价动产：

双方共同确认：截至本协议签署时，男方名下贵价动产持有情况如下：【列表】；女方名下贵价动产持有情况如下：【列表】

双方约定，保持各自持有的贵价动产，由___向___支付补偿款_____元，该补偿款应于_____支付。

12. 共同债权：

双方于___年___月___日向_____出借人民币_____元，合同约定年利率_____，还款期限_____。截至本协议签订时，该借款尚有本金_____、利息_____、其他费用_____未收回。双方约定，该债权全部转移给___所有，需一次性补偿另一方___元。该补偿款应于___支付。

13. 双方声明：

双方声明，婚姻关系存续期间，再无其他共同财产。任何一方均不存在隐瞒共同财产的行为。如果有瞒报情况，视为故意侵害另

一方合法权益，应当向对方承担损害赔偿责任，双方确认瞒报财产的违约金为_____。如该违约金不能覆盖瞒报财产给对方造成的的损失，则以实际损失上浮100%计算违约金。

（四）特别约定：

（1）鉴于_____在双方婚姻关系存续期间抚育子女、照料老人较多，因此双方经协商确认，由_____在前述财产分割之外，另行向_____支付补偿款_____元，该补偿款应于_____支付。

(2) 鉴于_____在双方婚姻关系存续期间出现《民法典》第1092条规定的行为，造成夫妻双方感情破裂，____属于过错方，双方一致同意在前述财产分割之外，另行向_____支付离婚损害赔偿_____元，该赔偿款应于_____支付。

（3）鉴于_____在双方婚姻关系存续期间与婚外第三人发生不正当关系，造成夫妻双方感情破裂，符合《民法典》第1092条第（五）项规定的情形。____属于过错方，双方一致同意在前述财产分割之外，另行向_____支付离婚损害赔偿_____元，该赔偿款应于_____支付。

三、共同债务分割

双方共同债务有：

1. 金融贷款。

因购置_____所需，以_____名义于_____向_____借款人民币_____，合同约定年利率_____，还款方式_____。截至本协议签订时，该贷款尚有本金_____、利息_____、其他费用_____未偿还。该贷款目前还款状态正常。双方约定，该贷款由_____承担还款责任。如____未能按约定还款，导致另一方超过本约定承担了还款义务，则对于超出部分，另一方有权要求赔偿损失，并以实际造成损失的100%计收违约金。

2. 民间借贷借款。

分　则

_____双方于__年_月_日以___名义向___借款,借款金额____元,约定利息____,约定还款时间_____。截至本协议签订时,该借款尚有本金____、利息____、其他费用____未偿还。双方约定,该借款由____承担还款责任。如____未能按约定还款,导致另一方超过本约定承担了还款义务,则对于超出部分,另一方有权要求赔偿损失,并以实际造成损失的100%计收违约金。

3. 双方声明:

双方声明,婚姻关系存续期间,除以上债务外,双方再无其他共同债务。其余以一方名义对外复旦的债务,均系一方个人债务,与另一方无关。

如有其他债务,经法院、仲裁判决或裁决确认一方确需对外共同承担另一方的债务的,则在偿还债务后有权就已方承担的全部债务向另一方追偿,并要求另一方承担违约金____。如该违约金不能覆盖对方造成的的损失,则以实际损失上浮100%计算违约金。

四、其他

1. 双方共同确认,本协议书的签署确系双方自愿,不存在任何欺诈、胁迫、重大误解等情形。如本协议生效后在执行中发生争议的,双方应协商解决,协商不成,任何一方均可向人民法院起诉。

2. 协议自双方签字之日起生效。本协议一式叁份,婚姻登记机关存档壹份,双方各执壹份,均具有同等法律效力。

男方(签字):
　　年　　月　　日

女方(签字):
　　年　　月　　日

单方赠与协议模板（房产赠与）

甲方（赠与方）：　　　　A、B
住所：
身份证号码：
乙方（受赠方）：C
住所：
身份证号码：
在双方完全自愿、诚实信用、协商一致、真实表达自己意愿的前提下，就赠与事宜达成以下协议，以资共同遵守。

第一条　赠与人与受赠人双方的基本情况及相互关系

1. 赠与人：A、B
2. 受赠人：C
3. 关系：父母与子

第二条　赠与财产情况

1. 赠与财产内容：位于_____的房产（不动产权证号____）【以下简称"该房产"】
2. 赠与财产权利情况：
（1）该房产属于甲方共同共有，现登记于____名下，甲方享有完整的所有权。
（2）该房产不存在抵押权。
或：该房产存在抵押权，该抵押权已经登记，抵押权人为_____，抵押权限额为_____元，本赠与已经取得抵押权人书面同意（书面同意文件见附件），抵押权人的抵押权不受本赠与影响。
（3）该房产不存在居住权。
或：该房产存在居住权，该居住权已经登记，居住权人为_____，

分 则

居住权期限为自＿＿＿＿＿至＿＿＿＿＿止，本赠与已经取得居住权人书面同意（书面同意文件见附件），居住权人的居住权不受本赠与影响。

（4）该房产不存在地役权。

或：该房产存在地役权，地役权内容为＿＿＿＿＿，地役权人的地役权不受本赠与影响。

甲方声明：甲方确认，该房产除以上已列明的权利以外，不存在其他权利。

第三条 甲方权利、义务

1.甲方应保证该房产系甲方拥有完整所有权的合法财产，来源合法，已经缴清税费以及由该房产产生的一切其他费用（如基于该房产发生的物业管理费、水电费、燃气费等）。

2.甲方明确表示：该房产系甲方对乙方单方的赠与，该房产作为乙方的个人财产，与乙方的配偶、家庭均无关。乙方的配偶、家庭成员经乙方允许可以居住或使用该房产，但无权对该房产提出所有权或其他任何权利主张。

3.甲方应于＿＿年＿＿月＿＿＿日前与乙方一同办理不动产权变更登记，因变更登记而产生的一切税费、手续费等相关费用，均由＿＿＿＿承担。

4、甲方应当确保该房屋不存在权利瑕疵或安全隐患。

第四条、乙方权利、义务

1.乙方应对甲方尽到赡养义务。自该房产过户至乙方名下后，乙方应当按月向甲方支付赡养费＿＿＿＿＿元，于每月＿＿＿日之前支付。如甲方因发生意外、突发疾病、经济情况显著恶化等无力自担生活、医疗、康复等费用，乙方有义务对甲方进行救治、帮扶。如乙方未履行以上赡养义务，则甲方有权撤销赠与，并要求乙方承担违约责任，支付违约金＿＿＿＿元。

2.甲方将本财产赠与乙方，仅供乙方用于自住或租赁。未经甲方书面同意，乙方不得将该房产进行买卖、拍卖、变卖、赠送、分割或抵债。如甲方发现乙方未按照约定用途使用该房产，则甲方有权撤销赠与，并要求乙方承担违约责任，支付违约金＿＿＿元。

3. 乙方有权用该房屋进行抵押，但需经甲方书面同意。如未经甲方同意擅自进行抵押，导致房产被拍卖、变卖、以物抵债的，则乙方应当向甲方承担违约责任，支付违约金＿＿＿元。

第五条、特别约定

甲方在将案涉房产过户至乙方名下以前，具有任意撤销权。

或：　　本协议自签订之日起生效，双方均不得撤销本协议。甲方明确确认放弃任意撤销权。除双方一致同意或发生不可抗力等情况外，如甲方未在＿＿＿年＿＿月＿＿日前将该房产过户给乙方，则构成违约，应向乙方支付违约金＿＿＿＿元，且不免除甲方应当继续履行本协议并完成过户的义务。

第六条、其他事项

1. 双方声明：双方签订本合同时，系自愿签订，无智力及精神异常，无欺诈、胁迫、重大误解、串通损害第三人合法权益等情形，双方完全理解本合同内容及法律后果。

2. 本协议未尽事宜，各方协商后另行签订补充协议，补充协议与本协议具有同等的法律效力。

3. 双方应于本协议签订后3日内前往＿＿＿＿＿（公证处）办理公证，产生的一切费用由＿＿＿承担。

4. 本协议一式＿＿＿份，A、B、C各持一份，＿＿＿＿＿（公证处）备案＿＿＿份，各份协议具有同等法律效力。

4. 本协议自双方签署后生效。

―――――――――――以下无正文―――――――――――

甲方：　　　　　　　　乙方：

　　　年　月　日　　　　　　年　月　日

分 则

公司章程之股权继承篇【家族企业模式下】

一、继承人通过遗嘱、遗赠获得股权的：

公司及其他股东均应当同意继承人按照遗嘱、遗赠所取得的股东身份及股权。但关于继承人股东权利的行使，按照以下规定执行。

1. 继承人在被继承人生前已经进入公司参与经营管理（担任董事、监事、高管等重要岗位）满3年的：当继承人获得股权后即享受完全的股东权利（继承人股东可以按照其继承所得股权占公司全部股权的比例，享受收益权，享有表决权以及其他参与公司经营管理的权利。）

2. 继承人在被继承人生前已经进入公司工作但并未参与公司经营管理，或参与公司经营管理尚未满3年的：当继承人获得股权后，取得相应的股东身份，并应当立即进入公司董事会担任董事。自继承人取得股东身份之后，至其累计担任董事满3年之前，继承人仅享有与其股权相应的收益权、知情权、查账权、提案权以及参加公司股东会议、董事会议等重要会议的权利，但其表决权受到限制：其担任董事未满一年的，享有其股权30%的表决权；其担任董事已满一年未满二年的，享有股权60%的表决权；其担任董事已满二年未满三年的，享有股权80%的表决权。

3. 继承人在被继承人生前未进入公司工作的，应当尊重继承人本人意愿是否参与公司经营管理。

继承人本人不愿意参与公司经营管理的，或继承人为无民事行为能力人、限制民事行为能力人，无法参与公司经营管理，其本人或其监护人可以选择以下方式行使其继承的股权：

（1）仅享有股东收益权，放弃其他股东权利；

（2）将继承人继承的股权建立股权信托，由信托机构进行管理。该信托的建立应当符合公司章程的规定；

（3）将继承人继承的股权转让给公司其他股东；

（4）将继承人继承的股权转让其他民事主体，但需要符合公司章程关于股权转让的相关规定，保护其他股东的优先购买权；

（5）继承人可以自行享有收益权，并委托第三人代为行使表决权等参与公司经营管理的股东权利，但该第三人应当是继承人的配偶、父母、子女、兄弟姐妹、（外）孙子女、三代以内旁系血亲，或其他股东。委托除此以外的第三人代为行使股东权利的，应当经其他股东过半数同意。

继承人愿意参与公司经营管理的，自继承开始，继承人即进入公司董事会工作。工作满一年后，应成为公司董事。

继承人按照以下规定行使其继承的股权：

（1）自继承开始，即享有股东收益权；

（2）继承人进入公司董事会工作未满一年的，仅享有股东收益权、知情权、查账权、提案权、以及参加公司股东会议、董事会议等重要会议的权利，但其表决权受到限制：不享有表决权。

（3）继承人成为公司董事后：担任董事未满一年的，享有其股权30%的表决权；担任董事已满一年未满二年的，享有股权60%的表决权；担任董事已满二年未满三年的，享有股权80%的表决权；担任董事已满三年的，享有完全的股东权利。

二、继承人通过法定继承获得股权的，公司及其他股东均应当同意继承人取得股东身份。

如果法定继承股权的继承人仅有1人，直接则参照上述第一点的规定处理。

如果法定继承股权的继承人有2名或以上的：

（一）关于股东身份按以下方法处理：

1. 如各继承人按照法定继承份额继承股权并登记为公司股东，不违反《公司法》的人数规定，且符合公司章程关于股东身份的其他规定的，则各继承人可以悉数按照继承份额登记为公司股东，其他股东不得提出异议；
2. 如各继承人按照法定继承份额继承股权并登记为公司股东，违反了《公司法》或公司章程关于股东人数的限制，则由各继承人协商由部分继承人继承公司股权。其他股东尊重继承人间的决定或相关裁决，对通过协商或裁决确定的股权继承人不得提出异议；
3. 如部分继承人不符合公司章程关于股东身份的其他规定的。则不符合条件的继承人或其监护人有权做出选择：

   （1）仅按照继承份额享受相应股权的收益权，不享受其他股东权利；

   （2）将所继承的股权份额转让给其他符合条件的继承人；

   （3）将所继承的股权份额转让给其他符合条件的股东；

   （4）继承人可以将其股权转让其他民事主体，但需要符合公司章程关于股权转让的相关规定，保护其他继承人、其他股东的优先购买权；

   （5）将其继承的股权份额建立股权信托，由信托机构进行管理。该信托的建立应当符合公司章程的规定。

（二）关于获得股权的继承人的股东权利行使：

1. 通过继承获得股权及股东身份的新股东，在行使股东权利时，参照第一点的规定行使。

2. 其他股东自继承人股东获得股东身份,并开始行使一部分表决权之日起,至完全获得表决权之日止期间行使除收益权之外的股东权利的行为进行监督,并有权提出批评建议。如发现继承人股东有不当行使股东权利的行为的,超过其他股东人数 2/3、其他股东所持表决权 2/3 以上的股东有权联名书面提出抗议,并对继承人股东的不当行为进行撤销。

上述其他股东的联名撤销权自继承人股东参与公司管理满三年、开始享受完全的股东权利之日起终止。

(三)如果继承人之间出现股权纠纷,导致自继承发生之日起一年内无法确认各继承人股权继承份额、公司无法产生新的股东的,则由全部继承人协商从以下方式中做出选择:

1. 设立股权信托,将被继承人的股权作为信托财产,委托_____信托公司管理,但需要符合公司章程的相关规定。信托产生的收益进行提存,当继承权纠纷判决生效后,按照判决确定的继承份额对信托收益进行分割,设立股权信托产生的费用由各继承人按照判决确定的继承份额分摊;

2. 由公司回购股权,回购价格按照公司章程确定;公司支付的回购款应先进行提存,当继承权纠纷判决生效后,各继承人按照判决确定的份额分割回购款;

3. 将股权转让给其他股东;其他股东购买股权支付的价款应先进行提存,当继承权纠纷判决生效后,各继承人按照判决确定的份额分割价款;

4. 将股权转让给其他民事主体,但需要符合公司章程的相关规定,并保证其他股东的优先购买权;转让股权的价款应先进行提存,当继承权纠纷判决生效后,各继承人按照判决确定的份额分割价款。

分 则

各继承人如无法协商一致做出选择，则由公司在自继承发生之日起 18 个月之内回购被继承人的股权，回购价格按照公司章程确定。

（四）2 名以上继承人股东继承股权，并被登记为公司股东后，如果出现不可调和的矛盾，导致出现公司僵局、影响公司运营的，经超过其他股东人数 2/3、其他股东所持表决权 2/3 以上的股东有权联名书面提出要求，限期各继承人协商确定由 1 人收购其他继承人股东持有的股权。如自其他股东联名书面提出上述要求后，6 个月内仍无法确定收购人，则由公司将全部继承人股东的股权回购，回购价格按照公司章程确定。

三、特别说明：

当继承人股东的表决权受限时，为了公司能够做出有效决议，其他股东的表决权按比例相应放大，直到继承人股东享有完整的表决权时，各股东按照所持股份比例遵照公司章程的约定行使表决权。

遗嘱模板

立遗嘱人：（身份信息）_____

一、立遗嘱人声明：本人自愿立本遗嘱，本遗嘱内容均系本人真实意思表示，未受到胁迫、欺诈，且本人精神正常、身体状况良好，具有完全民事行为能力。

二、本遗嘱系本人_____于__年___月___日于___省___市_____区（具体位置）订立。

三、见证人1(身份信息)____，与立遗嘱人关系为：____见证人2(身份信息)____，与立遗嘱人关系为：____

四、立遗嘱人个人财产及继承安排：

（一）房产：

1. 位于__省__市____区_____（具体位置）的房产，不动产权证号为_____，目前登记于_____名下。该房产的权利状况如下：

（1）该房产由立遗嘱人单独所有；

该房产由立遗嘱人与____共同共有；

该房产由立遗嘱人与____按份所有，立遗嘱人持有比例为__%。

（2）该房产上不存在抵押权；

该房产上存在抵押权，抵押权已登记，抵押权人为____，抵押权限额____抵押期限为__。

（3）该房产上不存在居住权；

该房产上存在居住权，居住权已登记，居住权人为____，居住权期限为__，居住权合同详见附件。

（4）该房产上不存在地役权；

该房产上存在地役权，地役权人为__地役权内容为___，地役权期限为_____。

（5）该房产上是否有其他权利负担_____

在立遗嘱人去世后，该房产的所有权由_____继承，该房产上的权利义务由其一并继承。

在立遗嘱人去世后，立遗嘱人对该房产所有权份额由_____继承，该房产上的权利义务由其一并继承。

注意：该继承属于___个人继承，与其配偶、家庭无关，继承得到的财产属于其个人财产，并非夫妻共同财产。

2、……

（二）车辆：

1. 车牌号为_____的_____牌_____型号的车辆一部，目前登记于_____名下。该车辆权利情况如下：

（1）该车辆由立遗嘱人单独所有；

该车辆由立遗嘱人与____共同共有；

该车辆由立遗嘱人与____按份所有,立遗嘱人持有比例为__%。

（2）该车辆上不存在抵押权；

该车辆上存在抵押权，抵押权已登记，抵押权人为____，抵押权限额____抵押期限为__。

（3）该车辆上不存在质押权；

该车辆上存在质押权，质押权人为____，质押权限额为____，质押权期限为____。该车辆目前____【已交付/未交付】质押权人持有。

（4）该车辆上是否有其他权利负担_____

在立遗嘱人去世后，该车辆的所有权由_____继承，该车辆上的权利义务由其一并继承。

在立遗嘱人去世后，立遗嘱人对该车辆所有权份额由_____继承，该车辆上的权利义务由其一并继承。

注意：该继承属于____个人继承，与其配偶、家庭无关，继承得到的财产属于其个人财产，并非夫妻共同财产。

2.……

（三）股权：

1. _____公司（社会统一信用代码_____）的__%股权。该股权登记于____名下，登记注册资本金额为____。

立遗嘱人去世后，该股权由____继承，按照公司章程将其变更为股东，依照章程行使股东各项权利。

如按照公司章程的规定，股权由公司或其他股东优先购买或回购的，则该股权的变价款由_____继承。

注意：该继承属于____个人继承，与其配偶、家庭无关，继承得到的财产属于其个人财产，并非夫妻共同财产。

2.……

（四）现金与存款：

第一种写法：

1. 立遗嘱人于____（开户行）开立的个人名下账号为____的账户内存款，全部余额均由__继承；

2. 立遗嘱人于____（开户行）开立的个人名下账号为____的账户内存款，全部余额均由__继承；

3. 立遗嘱人存储于____（具体位置）的现金，以全部金额为限由__继承；

……

第二种写法：

经统计，立遗嘱人名下的存款余额合计____（具体开户行、银行账户、存款金额等情况详见附件）；名下现金余额合计____（现金置于____具体位置）。立遗嘱人去世后，上述存款中的_____元由__继承；_____元由___继承……上述现金中的_____元由___继承；

_____元由___继承……

　　除上述统计之外的其他存款或现金按照法定继承顺序继承。

　　注意：该继承属于___个人继承，与其配偶、家庭无关，继承得到的财产属于其个人财产，并非夫妻共同财产。

（五）股票、基金、债券：

　　立遗嘱人持有股票、基金、债券情况详见清单【制作统计清单】，立遗嘱人确认清单中所涉及的一切股票、基金、债券，在去世后均由_____继承，继承人可根据证券公司、银行或金融机构的要求进行账户的变更，实现对以上财产的继承；继承人亦可选择将上述股票、基金、债券变现，就其折价款享有全部的继承权。

　　注意：该继承属于___个人继承，与其配偶、家庭无关，继承得到的财产属于其个人财产，并非夫妻共同财产

（六）：财产性权利

1. 债权

　　立遗嘱人对_____（姓名及身份证号）具有债权，债权本金为_____，约定利率为____，还款方式为_____债权到期日为____。立遗嘱人去世后，该债权由____继承享有，债务人应当向____履行还款义务。【借款合同见附件】

2. 知识产权

　　权利内容：_____

　　权利证书号：_____

　　权利登记情况：_____

立遗嘱人去世后，以上知识产权中的财产性权益，由___继承。依据该知识产权产生的一切收益，均由___享有。

3. 保险

　　立遗嘱人在_____保险公司购买的____保险(保单号：_____)，受益人为立遗嘱人。当立遗嘱人去世后，根据该保单的理赔金作

为遗产，由＿＿＿＿继承。

4. 信托受益权

立遗嘱人享有＿＿＿＿＿信托产品的受益权。当立遗嘱人去世后，该受益权作为遗产，由＿＿＿＿继承。

注意：以上继承均属于＿＿＿＿个人继承，与其配偶、家庭无关，继承得到的财产属于其个人财产，并非夫妻共同财产。

（七）以上财产之外的其他个人财产

除以上财产之外的其他个人财产，在扣除应缴纳的税费、手续费等变更所有权登记产生的一切费用之外，应用于支付遗产管理人报酬、偿还本人债务（如有），此后仍有剩余的，全部由＿＿＿＿继承。

注意：以上继承属于＿＿＿个人继承，与其配偶、家庭无关，继承得到的财产属于其个人财产，并非夫妻共同财产。

五、遗产管理人

1. 立遗嘱人指定遗产管理人为：（身份信息）＿＿＿＿＿＿，与立遗嘱人关系为：＿＿＿＿＿＿。

2. 备选遗产管理人为：（身份信息）＿＿＿＿＿＿，与立遗嘱人关系为：＿＿＿＿＿＿。

3. 遗产管理人义务：

立遗嘱人去世后，遗产管理人应当履行诚信勤勉义务，按照本遗嘱的规定执行本遗嘱，在执行遗嘱过程中产生的费用，以本遗嘱涉及的财产之外的本人遗产支付，不足部分，由各继承人在继承财产的范围内承担。遗产管理人应指导各继承人办理继承手续、财产交接手续等。

4. 如果遗产管理人出现以下情况，由备选遗产管理人承担遗产管理人职责：

（1）遗产管理人死亡；

（2）遗产管理人发生疾病，无法履行遗产管理职责的；

（3）遗产管理人丧失民事行为能力；

（4）遗产管理人明确表示不愿履行遗产管理职责的；

（5）遗产管理人无正当理由拖延执行遗嘱，或在立遗嘱人去世后半年内不开始执行遗嘱的；

（6）遗产管理人不正当履行遗嘱内容的，如违背本遗嘱内容分配遗产、或出现侵占、损害遗产等情形；

（7）遗产管理人侵害继承人身体健康或合法权利的；

（8）遗产管理人出现其他不宜继续承担遗产管理职责的情况的。

5. 遗产管理人应在立遗嘱人去世后2个月内，按照《民法典》1147条的规定履行职责，并按照本遗嘱的内容开始执行本遗嘱。

6. 遗产管理人可以获得报酬。在本遗嘱执行完毕后，经本遗嘱列明的全部继承人签字确认后，应当从立遗嘱人的遗产中，支付遗产管理人劳务报酬＿＿元。

六、其他

本遗嘱一式＿＿份，立遗嘱人保存一份、见证人XXX、XXX各保存一份、遗产管理人保存一份、备选遗产管理人保存一份。立遗嘱人在签名确认本遗嘱后3日内应当至＿＿＿＿＿＿公证处进行公证，并按照公证处的要求备案留存。

立遗嘱人：（签字）
　　　　　（日期）

见证人：（签字）　　　　（签字）
　　　　（日期）　　　　（日期）

指定遗产管理人：（签字）
　　　　　　　　（日期）

备选遗产管理人：（签字）
　　　　　　　　（日期）